Die Lead (R)evolution

Die Lead (R)evolution

Janaina von Moos

Impressum

1. Auflage August 2022

www.janainavonmoos.com
www.thedigitalacademy.ch/

Janaina von Moos GmbH
Talweg 1
6043 Adligenswil

Texte: Janaina von Moos, Anita Aichner
Layout: Antje Grube
Lektorat: Sabrina Steiner (www.sabrinasteiner.com)
Korrektorat: Daniela Oettl
Covergestaltung: Alina Nutiu
Grafik: Iris Schwartz
Marketing Amazon: Heike Paschke
Marketing: Markus Hellwich
Verlag und Druck: Unabhängig veröffentlicht über Amazon

ISBN: 9798847842440
Imprint: Independently published

Bibliografische Information der Deutschen Nationalbibliothek: Die Deutsche Nationalbibliothek verzeichnet diese Publikation in der Deutschen Nationalbibliografie; detaillierte bibliografische Daten sind im Internet über http://dnb.dnb.de abrufbar.

Inhaltsverzeichnis

Vorwort von Natascha Heistrüvers

Janaina habe ich 2019 kennengelernt. Natürlich haben wir uns gleich online vernetzt, und mich haben von Anfang an ihre Energie und ihre Professionalität als Online-Unternehmerin und Social-Media-Expertin überzeugt. Ich lerne am liebsten von Menschen, die schon dort sind, wo ich gerne hin möchte.

„Nicht noch einen weiteren Social-Media-Kanal“ war mein Gedanke, als Janaina mir damals in einem persönlichen Gespräch sagte, meine Zielgruppe befinde sich dort. Ich hatte bereits die Erfahrung, wie viel Zeit und Energie es kostet, einen Kanal erfolgreich aufzubauen.

Und dann einen weiteren? Lieber nicht, dachte ich mir nach dem Gespräch, aber es ging mir nicht aus dem Kopf. Schliesslich war mir Janaina von Moos zu dem Zeitpunkt bereits als DIE Social-Media-Expertin bekannt, die nicht wie viele andere auf eine Plattform spezialisiert ist, sondern die Bandbreite der wichtigsten beherrscht und strategisch darauf das jeweilige Businessmodell ausrichtet. So schob ich diesen Gedanken weiter vor mir her.

Ich entschied mich, dem Ganzen eine Chance zu geben, indem ich an ihrer LinkedIn™-Turbochallenge teilnahm. Heute kann ich nur sagen: Das war ein echter Mind-Changer. So eine hohe Energie mit einer Gruppe von ca. 500 Menschen über mehrere Tage zu halten, das schafft nur ein echter Profi. Danach war glasklar, dass ich LinkedIn™ und Janaina eine Chance gebe. Damals habe ich noch scherzhaft gesagt: Wenn ich mit LinkedIn™ starte, will ich spätestens Mitte des Jahres meine ersten Kunden über LinkedIn™ gewinnen. Janaina meinte: Das klappt auf jeden Fall. Was soll ich sagen? Sie hat absolut Recht behalten.

Aus meinem Business, aber auch aus denen meiner Kunden, ist LinkedIn™ als professionelle Business-Plattform nicht mehr wegzudenken. Es macht mir immer wieder verdammt viel Spass, von und mit einem Profi wie Janaina zusammenzuarbeiten.

Viel Freude mit diesem Buch, das auch dir einen umsetzbaren Weg zeigen wird, wie du richtig mit LinkedIn™ starten kannst, um deine Kunden zukünftig dort zu erreichen.

Deine Natascha Heistrüvers

https://nataschaheistruevers.com/

Danksagung

Ein herzliches Dankeschön geht an Gaudenz Biveroni, der mir damals die Plattform LinkedIn™ zeigte und mich dazu bewegte, sie für unser Business zu nutzen. Danke an meine Community, die mich inspirierte, mein Wissen und meine Praxistipps zu LinkedIn™ als Buch in die Welt zu bringen, um es so mit anderen Menschen zu teilen.

Mein besonderer Dank gilt meinem Mann, der mich immer unterstützt und mir die Kraft wie auch Zeit gibt, damit ich mich meinen Buchprojekten widmen kann.

Ein grosses Merci an alle Wegbegleiter, die mir Input und Ideen für dieses Buch geliefert haben – ich weiss das sehr zu schätzen!

Natürlich will ich mich auch bei dir bedanken und dir ein Geschenk mit auf den Weg geben. Wie überall im Leben kommt der Erfolg, indem du das Richtige tust. Damit dir dies möglichst leicht fällt, kannst du nach der Lektüre dieses Buches meinen Social Selling Aktionsplan und die Profil Checkliste nutzen. So fällt dir dein einzigartiger Auftritt und eine erfolgversprechende Routine auf LinkedIn™ umso leichter.

<u>Profil Checkliste und Social Selling Aktionsplan:</u>

https://dieleadrevolution.com/freebie/

Wichtiger Hinweis:

In diesem Buch werden viele Marketingbegriffe verwendet. Um das Buchlayout nicht unnötig mit unzähligen Fussnoten zu verunstalten, haben wir ein Arbeitshandbuch mit allen Begrifflichkeiten erstellt. Für dieses Werk haben wir versucht, alles an Wissen zum Thema Online Business, Online Marketing und Virtuelle Assistenz zusammen zu tragen – und es ist riesig geworden! Dieses Handbuch soll dir als Guide dienen, wenn du dich im Online Dschungel verirrt hast. Wenn du im Buch also etwas nicht verstehst und dir einfach nur „Hä?!" denkst, ist die Chance gross, dass du dort die Erklärung dazu findest.

Hier kannst du es kostenlos herunterladen:

https://dieleadrevolution.com/freebie/

Die Lead-(R)evolution

Einführung

In früher Zeit gab es die Sklaverei, und Menschen wurden in Ketten gelegt. Der Frondienst im Mittelalter bedeutete für die Bauern bittere Abhängigkeit zum Grundherrn, dem sie Dienste leisten mussten. Die Zeiten änderten sich, und so wurden die Menschen in der Industriellen Revolution schliesslich als Fabrikarbeiter an Fliessbändern eingesetzt.

Was ist seither anders?

Nichts!

Wir arbeiten zwar meist nicht mehr am Fliessband, sind aber dennoch Fabrikarbeiter und sitzen stumpf vor dem Computer. Der Unterschied zu damals ist hauptsächlich die Krawatte und ja, ich weiss, diese Erkenntnis ist hart.

Klar trägst du heute keine Ketten mehr. Zum Glück. Dennoch besteht starke Abhängigkeit zu deinem Job.

Warum ist das so?

Dahinter steckt eine Mischung aus mangelnder ökonomischer Bildung in der Schule und dem ganzen System selbst. Wir lernen als Kinder fleissig, um später einen Job zu finden, der uns erstens keinen Spass macht und den es zweitens in ein paar Jahren so nicht mehr geben wird. Die Uni besuchen wir, um einen guten Abschluss zu haben, der uns null auf das echte Leben vorbereitet. Zumindest geht es mir so. Als Politologin und Juristin habe ich keine Stunde in dem angestammten Bereich gearbeitet. Versteh mich bitte richtig: Unser System hat auch seine guten Seiten. Wir lernen schreiben, rechnen, lesen und vieles mehr. Diese Fähigkeiten brauchen wir, um in einer modernen Welt zu überleben. Doch hier und heute sind wir ständig auf Social Media unterwegs, um Likes und Herzchen zu bekommen. Unsere wertvolle Lebenszeit verbringen wir also mit der Suche nach Bestätigung von aussen. Die Kinder wachsen mit dem Smartphone auf und versinken oft stundenlang so tief darin, dass sie am echten Leben wenig bis gar nicht mehr teilnehmen. Wir sind uns sicher einig: Die Digitalisierung hat wie alles seine zwei Seiten.

Was wir nicht lernen, ist es, unternehmerisch zu denken und zu handeln. Uns unsere Träume zu erfüllen und dieses Leben für uns zum coolsten Abenteuer zu machen. Stattdessen treffen wir unsere Entscheidungen nicht aus Freude, sondern eher aus Mangel und Angst.

Vor lauter Furcht, was passieren könnte, wenn wir diese scheinbar sichere Arbeitsstelle aufgeben, bleiben wir zu lange in einem Job, obwohl er uns nicht guttut. Wir posten viele schöne Bildchen auf Social Media und vermitteln so das Bild, ständig glücklich zu sein. Wenn wir uns einen Tag weniger gut fühlen, geraten wir sofort in Panik, weil wir gar keine Ahnung mehr haben, dass auch diese Gefühlslage zum Menschsein dazugehört.

Jetzt ist Schluss damit! Ich möchte, dass du aufwachst und dein Leben in allen Bereichen in die Hand nimmst. Natürlich sollst du Social Media, insbesondere LinkedIn™, für dich und dein Business nutzen. Du kannst jedoch smart und mit möglichst wenig Zeitaufwand das Maximum für dich herausholen.

Die Idee zu diesem Buch liegt schon sehr lange in der Schublade; schliesslich ist es seit 13 Jahren mein tägliches Brot, mit dieser Plattform zu arbeiten und über den Umgang damit zu beraten. Doch es meldete sich immer wieder mein Freddy (die innere Stimme in meinem Kopf, die mir ständig sagt, was ich alles nicht tun soll) und redete mir ein: Janaina, du kannst doch nicht alles so direkt ansprechen und die Menschen damit dermassen vor den Kopf stossen. Bei LinkedIn™ geht es doch um Business und Strategie, da bleibt man sachlich.

Heute weiss ich, dass es genau das ist, was die Welt braucht. Verrückte Menschen wie mich, die Fragen stellen und direkt ansprechen. Solche, die dich an den Stellen pieksen, an denen es alles andere als angenehm ist. Querdenker in Business und auch Marketing. Menschen, die als Unternehmerin gegen den Strom schwimmen und dennoch oder gerade deswegen erfolgreich sind. Menschen, die vorausgehen und zeigen, dass es bessere und einfachere Wege zu einem nachhaltigen Marketing gibt. Warum ich das weiss? Weil ich seit über 13 Jahren genau das mache. Als alle nach Facebook™ schrien, war ich auf LinkedIn™. Als alle bezahlte Werbung propagierten, empfahl ich organische. Schlussendlich ist es die Mischung, die dein Marketing erfolgreich macht, und es ist Zeit für neues Marketing. Menschliches Marketing, das im Herzen berührt. Wir sind reif für eine neue Arbeitswelt und die Lead (R)evolution.

Von null auf hundert – das ist auch für dich möglich

Als ich Anfang zwanzig war, hatte ich keine Ahnung von Selbstständigkeit und Unternehmertum. Auf meinem Weg zur erfolgreichen Unternehmerin habe ich viele gute, aber ganz sicher auch weniger gute Erfahrungen sammeln können. Die guten habe ich gefeiert und aus den weniger guten habe ich gelernt. Ganz nach der Devise: „Manchmal gewinnst du, manchmal lernst du!“ (von unbekannt)

In diesem Buch möchte ich dir aber von beiden Seiten berichten, denn sie haben mich mit zu dem Menschen gemacht, der ich heute bin, und sämtliche Erfahrungen waren für die Erreichung meiner beruflichen und privaten Erfolge mitverantwortlich.

Für meine beruflichen Erfolge waren sicher meine Erfahrungen über Social Selling und LinkedIn™ ausschlaggebend, die ich in diesem Buch mit dir teile. Hier erfährst du, wie du beides erfolgreich für dich und dein Unternehmen nutzen kannst. Dazu brauchst du kein grosses Marketingbudget, sondern kannst für dich und dein Business einfach meine Tipps und Tricks umsetzen. Am besten sofort.

Durch die Strategie, die ich dir vorstelle, generierten meine Kunden in nur wenigen Wochen Umsätze im fünfstelligen Bereich. Das erzähle ich dir jetzt nicht, um anzugeben, sondern einfach, damit du ein Gefühl dafür bekommst, was mit dir und deinem Business passieren kann, wenn du meine LinkedIn™-ABC-Strategie verstehst.

Die Fragen, welche mir hauptsächlich gestellt werden, sind: „Wie mache ich das mit dem Content?“, „Wie kann ich meine Zeit auf Social Media richtig einteilen, damit es nicht zu meiner Freizeitbeschäftigung wird?“ oder „Wie kann ich mit Social Media Geld verdienen?“

Daher gebe ich dir einen Leitfaden für LinkedIn™ an die Hand und zeige dir einige Tipps, wie du einfach guten Content erstellen kannst. Hier lernst du, wie du deine kostbare Lebenszeit auf LinkedIn™ sinnvoll und mit dem richtigen Inhalt einsetzen kannst, damit du am Ende dein geplantes Ergebnis erreichst. In den meisten Fällen wünscht sich mein Umfeld mehr Sichtbarkeit, Reichweite und neue Kunden. Du erfährst, wie du mit Leichtigkeit neue Leads generieren und diese Tools für Akquise, also einfache Kundengewinnung, nutzen kannst. Dadurch erhöht sich automatisch dein Umsatz. Ebenfalls zeige ich dir mit der ABC-Methode und einer Einführung in Social Selling, wie du in wenigen Schritten Interessenten auf deine Seite ziehst und wie diese dann zu deinen Kunden werden.

Ich möchte, dass du in einem Jahr auf heute zurückblickst und realisierst, wie dein Business gewachsen ist. Also versprich mir bitte, dass du meine Tipps und Tricks auch tatsächlich beherzigen und umsetzen wirst. Wenn du während des Lesens über meine vielen Anregungen stolperst, dann frage dich: „Wie kann ich das für mich und mein Business einsetzen und erfolgreich nutzen?“

Am besten ist es, wenn du nach jedem wertvollen Tipp eine Lesepause einlegst und sofort mit der Umsetzung beginnst. Denn Wissen, welches du nicht umsetzt, ist totes Wissen und daher nichts wert. Nur wenn du es sofort umsetzt, wirst du Früchte ernten.

Haben wir beide nun einen Deal, und du setzt meine Tipps aktiv um, statt sie nur zu lesen?

#eswirdriesig

deine Janaina

Das Geheimnis erfolgreicher Menschen

Kennst du das Geheimnis erfolgreicher Menschen?

Es gibt ja bekanntlich Menschen, bei denen einfach alles funktioniert. Was immer sie anfassen, wird zu Gold.

Sogenannte Gewinner, denen einfach die ganze Welt zu Füssen liegt.

Aber was genau ist ihr Geheimnis? Warum nur sind sie so erfolgreich bei dem, was sie tun?

Erfolgreiche Menschen lernen immer von Mentoren und Trainern.

Wenn wir den Erfolg anderer Menschen betrachten, sehen wir meist nur das Ergebnis. Wie derjenige es jedoch an sein Ziel geschafft hat, welche Hürden er überwinden oder welche Rückschläge er einstecken musste, davon bekommen wir bei der Betrachtung des Endprodukts absolut nichts mit.

Erfolg ist keine Frage des Glücks, sondern vor allem der eigenen Charakterstärke. Um erfolgreich zu sein, gilt es ausdauernd, diszipliniert, mutig und opferbereit zu sein. Das erfordert eine hohe mentale Stärke, da man auch mit Rückschlägen oder Kritik von aussen umgehen muss.

Grosse Persönlichkeiten und erfolgreiche Sportler haben Trainer, ohne die sie nie so weit gekommen wären. Ebenso haben die zurzeit erfolgreichsten Trainer klein angefangen. Einige der Menschen, die du kennst und bewunderst, sind dein Vorbild, da bin ich mir sicher. Ebenfalls weiss ich, dass jeder erfolgreiche Mentor, Coach oder Trainer seinen eigenen erfolgreichen Mentor, Coach oder Trainer hat oder hatte.

Du siehst also: Erfolg ist Kopfsache und bedeutet für jeden Menschen etwas anderes. Manche setzen ihn mit Geld oder Macht gleich, andere mit einem ausgeglichenen Leben, wieder andere mit dem Aufbau einer Familie. Entscheide, was Erfolg bedeutet und worin du erfolgreicher werden möchtest; und zwar für dich ganz persönlich. Finde unabhängig von dem, was andere tun, sagen oder denken, deine ganz eigenen Antworten auf folgende Fragen:

Was brauchst du für deinen Erfolg?

Bist du entscheidungsfreudig?

Oder bist du eher der Typ "ich lasse es einfach auf mich zukommen"?

Wie dir das jetzt hilft? Ganz einfach.

Teile des Erfolgskonzepts sind erlernbar. Nicht von jetzt auf gleich, doch du kannst dir diese mit etwas Arbeit aneignen, um für dich erfolgreicher zu werden. Falls du unsicher bist, ob alle diese Eigenschaften auf dich zutreffen, suche dir einen Coach oder Trainer, der dich auf deinem Weg zum Erfolg unterstützt und dir hilft, deine Ziele zu erreichen.

Aus der Sicht eines Dritten wird manches viel klarer und deutlicher. Probiere es einfach aus.

Eines kann ich dir verraten. Erfolgreiche Menschen treffen klare Entscheidungen und handeln zielorientiert. Alles, was schnell erledigt werden kann, wird sofort gemacht. Alles, was länger dauert, wird nach Relevanz und Arbeitsaufwand sortiert. Aber das Wichtigste ist: Sie arbeiten ihre Liste auf dem Weg zum Erfolg jeden Tag, Stück für Stück, ab. Vielleicht kennst du die Eisenhower-Matrix? Nach diesem Prinzip arbeite ich persönlich gerne und es macht für mich einen wesentlichen Unterschied ...

Beim Eisenhower-Prinzip werden die zu erledigenden Aufgaben zuerst in die beiden Kategorien Dringlichkeit und Wichtigkeit eingeteilt. Danach werden sie in vier weitere Unterbereiche gegliedert. Anhand derer entscheidest du, was du wann erledigst und was du weitergibst oder bleiben lässt. Das Gleiche gilt übrigens auch für den Umgang mit den sozialen Medien. Wie das aussieht, zeigt dir die Grafik sehr anschaulich.

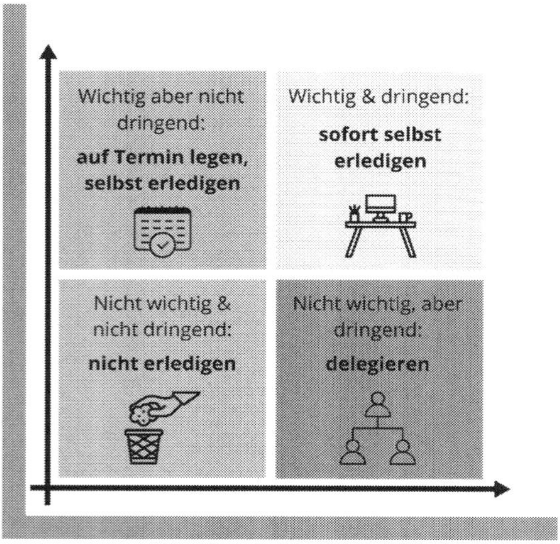

Warum ich so für LinkedIn™ brenne?

Welche Plattform du für dich und dein Business wählst, ist sicher eine der wichtigsten Fragen, wenn es um Social Media geht. Die Fragen „Wie geht das?“ oder „Wie werde ich sichtbar?“ beschäftigen immer wieder. Zuerst musst du dir klar darüber werden, auf welcher Plattform du deine Community aufbauen möchtest. Egal ob Facebook™, Instagram™ oder LinkedIn™, diese Entscheidung muss für dich ganz klar sein.

Warum mich persönlich ausgerechnet LinkedIn™ schon seit mehr als 13 Jahren so begeistert, erkläre ich dir gleich. Ehrlich gesagt bin ich mir sicher, dass du meine Begeisterung am Ende mit mir teilen wirst. Also sei gespannt und lies aufmerksam weiter.

Lange war LinkedIn™ nur eine berufliche Plattform, aber im Laufe der Zeit wurde die massive Weiterentwicklung immer spürbarer. Wenn wir einen Blick auf die ständig steigenden Nutzerzahlen werfen, dann überzeugt diese Plattform klar und bietet viele Vorteile. Nebst der Möglichkeit, dein Profil mehrsprachig zu gestalten, ist ein weiterer Vorteil von LinkedIn™ die Nutzung von Gruppen. Diese sind eine Art Forum, das dir die Möglichkeit bietet, Kontakte zu knüpfen, Inhalte zu teilen, Content zu liefern oder einfach Fragen zu stellen. Dadurch wirst du sichtbar und kannst dir einen guten Ruf aufbauen.

LinkedIn™ ist eine Business-Plattform, was auch bedeutet, dass das Nutzerverhalten komplett anders ist als auf anderen Plattformen.

Viele digitale Kommunikationskanäle haben sich in den vergangenen Jahren etabliert. So schnell, wie sie gekommen sind, so schnell waren sie auch wieder verschwunden. Bei LinkedIn™ verhält es sich anders; die Plattform ist nämlich seit vielen Jahren auf dem Markt. Persönlich nutze ich sie bereits seit der ersten Stunde, als ich auf Social Media landete, sogar noch vor Facebook™. Durch LinkedIn™ ist eine neue Erwartungshaltung in der Kommunikation auf Social Media entstanden. Dadurch kann man Leute ganz anders kennenlernen, und die vielfältigen Nutzungsmöglichkeiten sind enorm. Ob du LinkedIn™ für dein Marketing und Branding nutzt oder ob du es als Experten-Plattform oder berufliches Netzwerk verwendest, LinkedIn™ eignet sich für alle diese Möglichkeiten hervorragend.

Ebenfalls kann diese Plattform für Storytelling und Copywriting genutzt werden und schlussendlich als Absatz- oder Sales-Kanal. Mich begeisterten von Anfang an die vielfältigen Möglichkeiten, welche LinkedIn™ bietet.

LinkedIn™ kann auch SEO-optimiert betrieben werden, was sicher ein Punkt ist, bei dem es richtig spannend wird. Denn wenn du dein Profil und deine Inhalte SEO-optimiert gestaltest, führt das dazu, dass du auf Google viel einfacher gefunden wirst. Dank LinkedIn™ werde ich auf Google ganz besonders gut gefunden. 60 Prozent meines gesamten Webseiten-Traffics kommt über LinkedIn™, was mich überzeugt. Allein dieser Punkt erklärt, warum ich von LinkedIn™ so begeistert bin. Wenn du die Schritte in diesem Buch verfolgst, wird dir das auch passieren. Später, wenn du die kostenlosen und organischen Möglichkeiten vollends ausgeschöpft hast, kannst du natürlich LinkedIn™-Werbeanzeigen schalten. Dort hast du diverse Formate zur Verfügung, die du gekonnt einsetzen kannst. Doch vorerst gilt es, organisches Potenzial zu nutzen.

Überlege mal ganz kurz: Wie wäre es für dich, wenn ein Grossteil deines Webseiten-Traffics kostenlos erfolgen würde, nur weil du dein LinkedIn™-Profil richtig aufgesetzt hast?

Grossartig wäre das! Also ran an die Arbeit!

Übrigens:

Zur Unterstützung schenke ich dir meine Profil-Checkliste. Du findest diese hier: https://dieleadrevolution.com/freebie/

Durch die verschiedensten Statistiken kannst du genau eruieren, wann die Leute deine Inhalte ansehen, welche Menschen das sind und woher sie kommen. Dementsprechend kannst du deinen Inhalt zielgerichtet formulieren und ausspielen.

Mit dem Messenger hast du die Möglichkeit, Videobotschaften oder auch Sprachnachrichten zu versenden. Du merkst schon, hier handelt es sich um einen Kanal der unbegrenzten Möglichkeiten.

Mit der Filterfunktion kannst du deine Wunschkunden gezielt ansprechen und somit auch themenbezogene Kontaktanfragen verschicken. Meine Einstellung ist es, dass ich immer personalisiert schreibe und nicht einfach auf „Vernetzen" drücke, denn dadurch entsteht schon die erste Verbindung. Um das anzupacken, gehst du oben in die Suchmaske und gibst einen Begriff ein.

Dann erscheinen dir die Reiter, nach denen du gezielt Filter setzen kannst.

Oder du gehst auf alle Filter, dann klappt ein Fenster auf, und du kannst dort bei „filtern nach" deine Kriterien eingeben.

Du kannst unendlich viele neue Kontakte knüpfen. Mit Stand Januar 2021 gab es über 720 Millionen registrierte Nutzer in mehr als 200 Ländern. Alleine in Deutschland sind es weit über 17 Millionen, über 2 Millionen in der Schweiz und 1,3 Millionen in Österreich. Eines kann ich dir versichern: Wenn du meine Tipps beherzigst, dann sind unter all diesen Millionen Menschen, alleine in der DACH-Region, sicher deine Traumkunden dabei. Täglich kommen neue Nutzer hinzu, was bedeutet, dass sich das Potenzial der Menschen, die von deiner Dienstleistung profitieren können, immer erweitert. Ebenfalls gute Strategien sind es, andere Mitglieder weiterzuempfehlen und ein eigenes Unternehmensprofil zu erstellen bzw. nutzen.

Ein weiterer Punkt, der mir besonders gefällt, ist die Diversifikation. So viele Menschen haben seit jeher auf Facebook™ gesetzt und bemerken jetzt, dass Facebook™ nicht mehr so funktioniert wie früher. Respektive, wenn du auf Facebook™ Reichweite erzielen willst, darfst du heutzutage richtig tief in die Tasche greifen. Das war damals, als ich auf diese Plattform kam, noch ganz anders. Deshalb hatte ich mich auf organisches Social-Media-Marketing spezialisiert. Sozusagen darauf, wie die Zitrone ausgepresst werden kann, ohne Geld dafür auszugeben. Viele Firmen haben mich genau wegen dieser Fähigkeit als Social-Media-Strategin oder

Social-Media-Beraterin in ihr Boot geholt. Es ist auch keinesfalls so, dass es nicht mehr funktioniert. Jedoch wurde es schwieriger, und man muss ganz genau wissen, was man tut, damit es eben funktioniert.

Einige wechseln daher zu Instagram™, einer Plattform, die ich jahrelang selbst erfolgreich genutzt habe. Mit erfolgreich meine ich, dass ich dank der richtigen Instagram™-Strategien für mich sowie für meine Kunden Umsätze erzielt habe. Zu Spitzenzeiten waren das bis zu 30 Prozent meiner Jahresumsätze. Apropos organisches Wachstum: Du kannst übrigens auf LinkedIn™ deine Webseite verlinken; dadurch zahlt sich deine Arbeit doppelt aus: einerseits auf deine Sichtbarkeit und andererseits auf deinen Webseiten-Traffic. Für meine Kunden erzielte ich organische Wachstumsraten von 350 bis 570 Prozent, und meine Vorträge über dieses Thema waren regelmässig off- wie online in der ganzen DACH-Region ausgebucht.

Hier bin ich bei meinem Vortrag im September 2019 in Hamburg zu sehen:

Plattformen kommen und gehen; das habe ich bereits eingangs erwähnt. Probiere sie aus, und wenn du merkst, dass sie für dich nicht die richtigen sind, dann wechsle und probiere etwas Neues aus. Genau aus diesem Grund siehst du mich nicht mehr auf Instagram™ und hörst mich auch nicht mehr öffentlich darüber sprechen. Klar, die Plattform existiert noch, doch ich und mein Marketing sind da quasi hinausgewachsen, und irgendwann bemerkte ich, dass ich mich auf dieser Plattform nicht mehr wohl fühlte. So entschied ich mich im November 2019 nach einem Vortrag in Zürich beim IFJ (Institut für Jungunternehmen), diese nicht mehr weiter zu verfolgen. Ganz nach dem Motto: „Man muss aufhören, wenn es am schönsten ist."

Keinesfalls behaupte ich, dass Instagram™ schlecht ist. Ganz im Gegenteil, Instagram™ konvertiert nach wie vor gut und ist sehr beliebt. Für die richtige Zielgruppe, wie zum Beispiel Millennials, Ästheten oder Digital Nomads, kann Instagram™ genau die richtige Plattform sein. Eines solltest du aber wissen: Facebook™, Instagram™ und auch WhatsApp™ gehören zu einem Mutterkonzern. Da hast du ein sogenanntes Klumpenrisiko, denn sie können jederzeit die Teilnahmebedingungen ändern, und wenn du dir dann eine grosse Reichweite auf diesen Kanälen aufgebaut hast, ist es eher ungünstig, wenn du von den Launen dieser Konzerne abhängig bist. Damals hatte ich auf meiner Facebook™-Fanpage über 37.000 Follower und auf Instagram™ zu Spitzenzeiten auch weit über 35.000. Was ich zu dieser Zeit versäumt habe, war, aus meinen Fans eine E-Mail-Liste aufzubauen. Zum Glück habe ich das rechtzeitig erkannt und konnte durch meine Rückkehr zu LinkedIn™ meine Strategie wieder richtigstellen, was sich gelohnt hat. Falls du jetzt meine alte, grosse Instagram™-Fan-Page suchst, die habe ich eingestampft. Heute gibt es nur noch eine kleine feine Seite, auf der ich hin und wieder Werbung schalte. Diese Seite wird von mir nicht mehr aktiv gepflegt. Du merkst jetzt sicher, was ich dir damit sagen möchte: Wenn sich dein Business verändert, verändert sich auch deine Social-Media-Strategie.

Dann gibt es noch das Haus Google™ und YouTube™ und zuletzt noch Microsoft™, zu dem LinkedIn™ gehört. Eines ist ganz klar: Natürlich ist Microsoft™ bemüht, einen ausgezeichneten Gegenpol zu Facebook™ anzubieten. Ein Umstand, der sich auch sehr stark bemerkbar macht, denn LinkedIn™ hat in den vergangenen Jahren besonders hinsichtlich der technischen Möglichkeiten aufgerüstet. Es wurden ganz viele neue Features auf den Markt gebracht, wodurch diese Plattform immer interessanter und attraktiver wurde. Die Menschen halten sich jetzt gerne länger auf LinkedIn™ auf, und die Plattform ist längst nicht mehr so verstaubt, wie einige noch glauben. Auch ist der Umgang nicht so steif wie auf anderen Businessplattformen. Wenn du vielleicht, ebenso wie meine Kunden oder ich damals, eine ordentliche Community auf Facebook™ oder Instagram™ aufgebaut hast, musst du das nicht alles verlassen und löschen. Wahrscheinlich bin nur ich so verrückt! Meine Empfehlung ist ganz klar: Mach dir frühzeitig Gedanken darüber, wie du deine Social-Media-Reichweite aufbaust und verbreitest, im Fachjargon: diversifizierst. Entweder du gehst zu YouTube™, also ins Haus Google™, oder eben zu LinkedIn™.

Übrigens: Mein Instagram™-Vortrag kam sehr gut an, und das IFJ hatte so viele Nachfragen von Menschen, die daran teilnehmen wollten, dass ich mich noch einmal dazu überreden liess. Daher siehst du mich auf dem Foto hier im Januar 2020 ein allerletztes Mal in Bern über Instagram™ sprechen.

An dieser Stelle möchte ich dir etwas Wichtiges mitgeben: Hab den Mut loszulassen, wenn du spürst, dass sich etwas unstimmig anfühlt. Grundsätzlich hast du auf jeder Plattform die Möglichkeit, deine Zielgruppe anzusprechen. Alle sind gross genug, damit du dein Business aufbauen kannst.

Wenn du einen Marketing-Guru fragst, wird er dir immer sagen, dass du dich auf die Plattform konzentrieren sollst, auf der am meisten Potenzial deiner Zielgruppe vorhanden ist. Ja, das mag sein, aber ganz ehrlich? Bei der Vermarktung meiner Produkte will ich Spass haben, und ich möchte, dass es mir Freude bereitet, an meiner Personal Brand zu arbeiten. Geht es dir nicht auch so?

Also entscheide ich immer wie folgt:

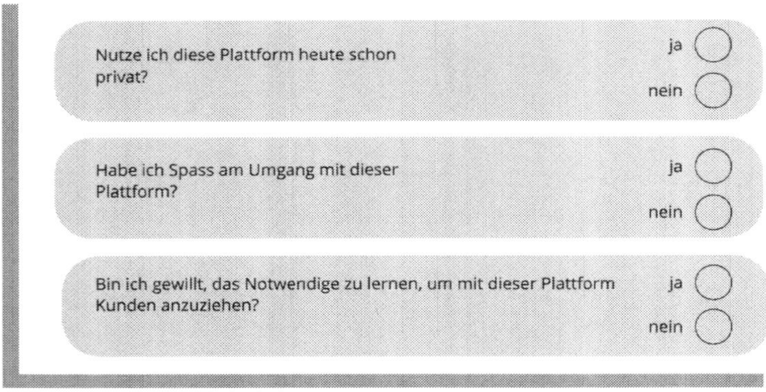

Genauso kannst du es jetzt für dich mit LinkedIn™ durchspielen. Solltest du aufgrund der Grafik zum Schluss kommen, dass LinkedIn™ doch nicht deine Plattform ist, dann leg das Buch weg oder, noch besser, verschenk es an jemanden, der es wirklich brauchen kann. Solltest du herausfinden, dass es genau deine Plattform ist, darfst du dich freuen: Ich habe ganz viel für dich auf Lager.

Bei einigen Plattformen entschied ich von vornherein, diese nicht für mein Business zu nutzen, so beispielsweise Snapchat™, TikTok™ oder auch Clubhouse™. Hier ging ich so vor wie oben geschildert. Sämtliche Plattformen hatte ich nicht privat genutzt und auch nicht vor, es zu tun. Für Snapchat™ und TikTok™ fühle ich mich zu alt respektive kann mit den Inhalten nichts anfangen und bin auch nicht gewillt, den Clown zu spielen, nur um Teenager zu unterhalten.

Abgesehen davon, dass es für mein Business wenig bis nichts bringen würde. Im Frühling 2021 wurde ich von diversen Kunden kontaktiert. Janaina, warum bist du noch nicht auf Clubhouse™? Du weisst bereits warum! Ich hatte die Grafik durchgespielt und einfach gemerkt, dass ich

a. nicht gewillt war, mir den Umgang mit dieser Plattform anzueignen,
b. keinen Spass an dieser Plattform fand und
c. mir nicht vorstellen konnte, mein Publikum nur über meine Stimme mit Schweizer Akzent zu überzeugen.

Nicht zuletzt ziehen sich ambitionierte Unternehmer*innen, also meine Zielgruppe und Kunden, nicht nach einem langen Tag um 21 Uhr noch einen Talk rein.

Also liess ich es bleiben, obwohl viele zu mir sagten: „Janaina, das wird das Ding. Das darfst du nicht verpassen." Merkst du etwas? Wieder bin ich gegen den Strom geschwommen. Und weisst du was? Wenn ich heute nachfrage, haben sich die meisten schon wieder abgemeldet oder nutzen die Plattform nicht mehr. Also hab auch du den Mut, selbst zu entscheiden, worin du deine wertvolle Lebenszeit investierst.

Wenn du sinnvoll diversifizieren möchtest, ist LinkedIn™ definitiv meine Empfehlung. Damit auch du in diese Umsetzung kommst, schrieb ich dieses Buch für dich.

Die Online Marketing-Welt verwendet oft eigene Begrifflichkeiten. Solltest du mal über ein Wort stolpern, ist die Chance gross, dass du in unserem Handbuch eine Erklärung findest.

Du findest das Handbuch hier:

https://dieleadrevolution.com/freebie/

Die Frage, ob diese Strategie auch für klassische Berufe funktioniert, kann ich bejahen. Solange du eine Dienstleistung anbietest, die du über Videokonferenz abhalten kannst, ist es möglich, Menschen über LinkedIn™ dafür zu gewinnen. Bei Massagen wird es etwas schwieriger, das gebe ich zu, aber alles, was sich online anbieten lässt, kannst du hier unterrichten und nichtsdestotrotz mit einem guten Profil dafür sorgen, dass Menschen aus deiner Umgebung sich für dein Massageangebot interessieren könnten.

Führungskräfte, Entscheidungsträger und Geschäftsführer, sie alle tummeln sich auf dieser Plattform. Sie alle treffen ganz bewusste Entscheidungen, wann und wie lange sie sich auf LinkedIn™ aufhalten. Unabhängig davon, ob sie sich Informationen für ihr Business holen oder einfach nur Unterhaltung konsumieren, der Besuch dieser Plattform ist für den User immer eine bewusste Handlung. Im Vergleich dazu steht Instagram™, das häufig zwischendurch aus Langeweile, zum Zeitvertreib oder als Ablenkung, insbesondere von den Millennials, genutzt wird. LinkedIn™, wo die bewusste Entscheidung getroffen wird, sich einzuloggen und Inhalte zu konsumieren, steht also dem Aufenthalt aus Neugier oder einfach nur der Gewohnheit, kurz aufs Handy zu schauen und nebenbei zu scrollen, gegenüber. Das ist ein wichtiger Faktor, den du für dich so mitnehmen solltest. Dein produzierter Content erhält auf LinkedIn™ also mehr Aufmerksamkeit und hat eine längere Halbwertszeit.

Daher solltest du dir ganz genau überlegen, welchen Content du auf LinkedIn™ tatsächlich postest. Entscheidungsträger möchten exakt über Angebote informiert werden und auf den ersten Blick erkennen, wie du ihnen helfen kannst und wofür du stehst. Darüber wirst du im Laufe des Buches noch ganz viele wertvolle Tipps erhalten.

Ein grosser Vorteil ist sicher, dass die Reaktionszeit auf deine Anfragen im Vergleich zu E-Mails viel kürzer ist. Antworten über LinkedIn™ erhältst du deshalb schneller, da die Mühlen der Organisation in einem Unternehmen sehr langsam mahlen. Bis eine E-Mail-Anfrage wirklich beim Chef gelandet ist, können Stunden und auch Tage vergehen. Das Sekretariat sortiert in den meisten Fällen alle E-Mails an den Chef vorher aus. Auf LinkedIn™ kannst du den Entscheidungsträger direkt ansprechen und Nachrichten an ihn persönlich adressieren. Das ist eine einmalige Chance, sofort mit den Menschen Kontakt aufzunehmen, die für dich interessant sind. Du bist im direkten Kontakt mit Entscheidungsträgern, und das ist mitunter auch ein Grund, warum diese Plattform einmalig für das Business ist. Wichtig ist einfach, dass du es stilvoll und elegant machst. Auch das wirst du lernen, keine Sorge.

LinkedIn™ hat sich in die Top 5 aller genutzten Social-Media-Kanäle positioniert. Die Anzahl der Nutzer ist äusserst vielfältig und wächst ständig weiter. Alle diese unzähligen Punkte führen dazu, dass ich für LinkedIn™ brenne und diese Plattform aktiv für mein Unternehmen nutze. Obwohl ich zugeben muss, dass meine Reaktionszeit auf LinkedIn™ aktuell mit Kleinkind gerade länger als 24 Stunden dauert. Doch ich bin optimistisch, dass mir dies mit Sicherheit immer besser gelingen wird. Auch du hast sicher bereits bemerkt, wie sinnvoll LinkedIn™ für dich und dein Business ist, wenn du weisst, wie es richtig funktioniert. Lass dich überzeugen und probiere es aus, und du wirst merken, wieviel Spass es macht, deinem Business beim Wachsen zuzusehen.

Soziale Medien: Wie wichtig sind sie für deinen Erfolg?

Wenn du dieses Buch liest, willst du ziemlich sicher mehr Kunden über LinkedIn™ gewinnen. Bevor wir ins Detail gehen, ist es wichtig, die allgemeinen Trends der Online-Welt zu erfassen.

Warum Social Media für den Sales nicht mehr wegzudenken ist

Anhand der folgenden Erläuterungen und Statistiken wirst du ziemlich schnell verstehen, warum Social Media für dich, deine Firma und deine Verkäufe nicht mehr wegzudenken ist. Besonders für Kleinbetriebe wie KMUs ist Social Media eine hervorragende Möglichkeit, um Reichweite und Sichtbarkeit zu generieren und auf einfache Art und Weise auf das eigene Produkt oder die eigene Dienstleistung aufmerksam zu machen. Natürlich ist es auch hier wichtig, die richtige Strategie zu kennen, welche es ermöglicht, das gesetzte Ziel tatsächlich zu erreichen.

Wachstum der Kanäle spricht für sich

Social Media hat im vergangenen Jahrzehnt massiv an Bedeutung gewonnen, wenn es um Online-Verkäufe und digitale Marketingmassnahmen geht. Das Wachstum ist seit Januar 2020 deutlich explodiert und die Zahl der aktiven Social-Media-User ist 2021 um über zehn Prozent gestiegen.[1]

Wir wissen heute, dass über die Hälfte der Weltbevölkerung Zugang zu einer sozialen Plattform haben oder darüber zu erreichen sind, also aktive User sind.[2] 2021 war ein besonderes Jahr für die sozialen Medien. Besondere Umstände wie Lockdowns usw. haben dazu geführt, dass auch nicht digital affine Menschen begannen, sich mit dem Internet, Social Media und Online-Shopping zu beschäftigen.

Die Zeiten sind wieder andere, doch trotzdem hält der Wachstumstrend im digitalen Bereich weiter an und Social Media legt weiter zu.[3]

Das rasante Wachstum sozialer Medien in zehn Jahren

In den vergangenen zehn Jahren gab es eine Verdoppelung der Internet-User.[4] Ja, nicht jeder Internet-User ist auch ein Social-Media-User, dennoch sind diese Statistiken für das Verständnis von Social Media und die möglichen Auswirkungen auf dein Business essenziell wichtig.

Noch wichtiger als die reine User-Zahl erscheint mir die effektive Zeit, welche im Internet verbracht wird. Internet-User verbringen im Schnitt über sechs Stunden täglich im Internet.[5]

Und davon über zwei Stunden auf den sozialen Medien.[6] Dies bedeutet: Ein Drittel der Zeit, welche wir im Internet surfen, nutzen wir, um uns auf Social Media zu informieren, zu unterhalten und für den sozialen Austausch.

Die meistgenutzten Social-Media-Plattformen weltweit[7]

LinkedIn™ gehört weder zu den grössten noch zu den meistgenutzten Plattformen weltweit. Dennoch hat diese Plattform eine massive Strahlkraft und eine enorme Wirkung, wenn es um Reichweite, Brand und schlussendlich auch Sales geht.

Warum LinkedIn™?

Persönlich nutze ich LinkedIn™ seit über 14 Jahren für mein eigenes Business, zum Netzwerken und für Recherchezwecke. In dieser Zeit durfte ich, vom Einmannbetrieb bis hin zum internationalen Konzern, in über 37 Ländern Kunden betreuen. Immer wieder hat es mich begeistert, welchen Nutzen aus der Plattform für jeden gezogen werden kann.

Was kann also LinkedIn™ für dein Business tun?

LinkedIn™ Demografie

Ein Blick auf die Linkedin™-Zielgruppe macht schnell klar, dass eine Grosszahl qualifizierter User erreicht werden kann. Insgesamt hatte die Plattform im April 2022 bereits 828 Millionen Menschen, die aktiv auf LinkedIn™ unterwegs sind.[8]

Mit qualifizierten Usern meine ich, dass Leute sich ein seriöses Profil anlegen und dieses korrekt ausfüllen. LinkedIn™ ist so aufgebaut, dass man sehr viel über den Werdegang einer Person erfahren kann. Auf einer Plattform wie LinkedIn™ wirst du deutlich weniger Fake-Profile finden als anderswo. Das heisst, die Anzahl der User ist für dein Business auch wirklich relevant. Über diverse Funktionen kannst du direkt die Infos für dich herausziehen, welche du wirklich brauchst. Welche das sind, wirst du im Verlauf dieser Lektüre noch lernen.

Ein Vorteil von LinkedIn™ ist klar, dass hier verschiedene, im Erwerbsleben tätige, Altersklassen vertreten sind. Die ganz jungen Menschen sind zwar geringer vertreten, sollten aber dennoch nicht unterschätzt werden, denn es handelt sich grösstenteils um eine Zielgruppe mit tertiärem Bildungsweg, also hochqualifizierte Menschen.

Besonders interessant sind für Headhunter die Menschen zwischen 25- bis 34-Jahren, wenn es darum geht, Spezialisten und Fachkräfte zu finden.

In der Zielgruppe der 25- bis 54-Jährigen finden sich Entscheidungsträger und viele Menschen auf C-Level. Diese sind gerade für Social Selling enorm wichtig. Besonders der, der auf der Suche nach Investoren und Verwaltungsräten für sein Geschäft ist, sollte die kleinere Gruppe 55+ nicht unterschätzen.[9]

Die Hardfacts für Europa

In Europa haben wir (Stand April 2022) 185 Millionen User, wobei die DACH-Region 18 Millionen, also nicht einmal 10 Prozent, davon ausmacht.[10] Durch hohe Kaufkraft, ein ähnliches Wertegerüst und eine stabilere wirtschaftliche Lage ist das Potenzial zum Netzwerken dennoch mehr als ausreichend gross.

Wenn dich nähere Zahlen interessieren, bemühe doch die Suchmaschine deiner Wahl mit dem Begriff „DataReportal Digital 2022" und lese dich dort intensiver ein. Doch für jetzt genug von Statistiken, lass uns abtauchen.

Aktuelle Herausforderungen mit LinkedIn™

Mittlerweile hast du anhand von Trends und Statistiken erkannt, welches Potenzial LinkedIn™ und allgemein Social Media für dich und dein Business bereithalten.

Nichtsdestotrotz will ich ehrlich mit dir sein: Es gibt zum aktuellen Zeitpunkt noch einige Herausforderungen auf LinkedIn™, die du kennen solltest.

Wandel von reiner Business-Plattform zur Social-Media-Plattform

Wie bereits erwähnt, war LinkedIn™ früher eine reine Business-Plattform. Das heisst, es ging vor allem darum, geschäftliche Kontakte zu knüpfen. Headhunter haben rasch das Potenzial der Plattform erkannt. Menschen aus der höheren Managementebene nutzten LinkedIn™ ebenfalls dazu, um weiterhin in Kontakt zu bleiben. Das ehemals bekanntere deutschsprachige Pendant ist dir vielleicht ebenfalls ein Begriff: XING.

Seit LinkedIn™ im Jahr 2014 von Microsoft gekauft wurde, hat die Plattform ihre Strategie etwas angepasst. Von der reinen Business-Plattform bewegte sie sich mehr in Richtung Social Media. So wurden verschiedene Funktionen eingeführt, die bei Plattformen wie Facebook™ und Instagram™ besonders beliebt waren. Eine Funktion, die LinkedIn™ zwischenzeitlich jedoch wieder abgeschafft hat, sind die Stories.

Viele Veränderungen innerhalb der Boosting-Funktionen führen dazu, dass LinkedIn™ immer schnelllebiger wird

Seit 2021 ist deutlich: LinkedIn™ wird immer schnelllebiger. Zum einen gab es sehr viele Veränderungen innerhalb der Boosting-Funktionen, wie zum Beispiel Videobeiträge und das Abspeichern von Zielgruppen. Zum anderen hat sich die Halbwertszeit des Contents extrem reduziert. Konnte man früher mit ein bis zwei Posts pro Woche gutes Social Selling betreiben, ist heute branchenabhängig eine etwas höhere Frequenz angesagt.

Kein Business-Manager verfügbar

Bis dato gibt es noch keinen Business-Manager, wie du ihn vielleicht von Facebook™ kennst. Was es gibt, ist der Advertising Manager. Wenn du eine Business-Seite betreuen möchtest, musst du dich also immer über den persönlichen Account als Admin zuschalten. Genauso ist es, wenn du Social Selling an eine Assistentin auslagern möchtest, was am Anfang jedoch keinesfalls zu empfehlen ist. Sollte es in Zukunft so weit sein, musst du in diesem Fall dein persönliches Login an Dritte weitergeben.

Advertising ist teurer als bei Mitbewerbern

Linkedin™-Werbung wird teilweise immer noch sehr gering eingesetzt, und viele Einzel- und Kleinunternehmer scheuen sich vor den Kosten. Wer die reinen Leadkosten, also Cost per Click oder Cost per Lead, genauer betrachtet, der sieht, dass LinkedIn™ deutlich teurer ist als andere Plattformen. Davor schrecken viele zurück, und sie probieren es gar nicht erst aus. Wer jedoch die Leadqualität bei LinkedIn™ ins Verhältnis rückt und beachtet, wo die Leute in der Customer Journey stehen, für den kann diese Plattform sehr interessant sein. Was hier ebenfalls gilt: Es gibt nicht DIE eine Strategie, sondern es braucht eine massgeschneiderte Strategie.

Für ein Strategiegespräch meldest du dich gerne hier:
https://janainavonmoos.com/termin-buchen/

Premiumfunktionen verursachen höhere Kosten als bei Mitbewerbern

Man liest immer wieder, dass die Premiumfunktionen bei LinkedIn™ teurer sind als die der Mitbewerber. Darauf werde ich nicht eingehen, da sowohl die Pakete von LinkedIn™ als auch die von den Mitbewerbern ständig wechseln. Je nachdem, zu welchem Zeitpunkt du dieses Buch liest, könnte diese Aussage also nicht mehr stimmen, weshalb wir zugunsten der Qualität diese Information hier direkt weglassen. Selbst nutze ich die Plattform seit über 14 Jahren, und die Angebote haben sich im Laufe der Zeit mehrmals verändert. Immer wieder höre ich das Argument, dass der kostenlose Account eingeschränkte Möglichkeiten bietet. Das kann ich so nicht bestätigen, und die gute Nachricht ist: Die Strategie, welche du hier lernst, kannst du weitgehend ohne Premium nutzen. Wenn du dann Lust und Freude hast, noch tiefer in LinkedIn™ einzutauchen, kannst du diese immer noch buchen. Genau so empfehle ich es meinen Kunden immer.

Kurz zusammengefasst:

- Premium-Nutzung teurer als Mitbewerber
- Ohne Premium nur eingeschränkte Nutzung möglich
- Aktuell bei Konzentration auf den deutschsprachigen Markt noch nicht so interessant

Fachkräftemangel als aktuelle Herausforderung

Viele Firmen, insbesondere mittelständische und kleine Unternehmen, beklagen sich über den Fachkräftemangel. Die grossen internationalen Konzerne haben dieses Problem schon längst erkannt und sind es angegangen. Sie haben heute Talentschmieden, Trainee-Programme für nach der Universität sowie interne Talent-Management-Abteilungen. Der Mittelständler kann hier kaum bis wenig mithalten.

Betroffen sind die verschiedenen Branchen unterschiedlich stark, wie Swiss Info berichtet.[11]

Auch in Deutschland oder Österreich werden wir ähnliche Berichte und Statistiken finden. Viele Betriebe berichten darüber, dass sie teilweise Aufträge nicht annehmen können, weil sie nicht genügend Mitarbeiter haben, um diese auszuführen. Hier kann LinkedIn™ Abhilfe schaffen und im HR verschiedentlich eingesetzt werden.

Aktive Mitarbeiteransprache – Screening und Hunting

Zum einen kann die Personalabteilung aktives Screening, also die Sichtung geeigneter Kandidaten, vornehmen und diese direkt kontaktieren. Das machen tatsächlich die wenigsten, weil sie es entweder noch nicht erkannt haben oder denken, dass sei Arbeit eines Headhunters, nicht aber einer HR-Fachperson, die für nur eine Firma arbeitet. Wenn du aus dem HR kommst und dies liest, empfehle ich dir, es einfach mal auszuprobieren. Wenn du noch Hemmungen hast, füge bei den Suchkriterien zusätzlich „open for Work" hinzu. Dann sprichst du nur die Leute an, die aktiv auf Jobsuche sind. Damit verletzt du auch nicht den Ehrenkodex, von anderen Unternehmen keine Mitarbeiter abzuwerben.

Passive Vorgehensweise – Hiring

Genauso kannst du als HR-Fachperson (oder Führungskraft) das Siegel „Hiring“ im Profilfoto hinterlegen. So erkennen die Profilbesucher sofort, dass Stellen zu besetzen sind.

Ebenfalls kann man Stellenanzeigen über LinkedIn™ publizieren und so auf die richtigen Menschen stossen. Am besten gehst du dafür auf den Reiter und klickst bei „Talent Solutions“. Dort kannst du dich umsehen und dich gegebenenfalls von einem LinkedIn™-Consultant beraten lassen.

Employer Branding

Eine weitere Möglichkeit ist es, auf LinkedIn™ aktives Employer Branding zu betreiben. Gemäss Wikipedia „ist Employer Branding eine unternehmensstrategische Massnahme, bei der Konzepte aus dem Marketing - insbesondere der Markenbildung - angewandt werden, um ein Unternehmen insgesamt als attraktiven Arbeitgeber darzustellen und von anderen Wettbewerbern im Arbeitsmarkt positiv abzuheben (zu positionieren). Das Ziel von Employer Branding besteht im Wesentlichen darin, aufgrund der erhofften Marketingwirkung die Effizienz der Personalrekrutierung als auch die Qualität der Bewerber dauerhaft zu steigern. Ausserdem sollen qualifizierte und engagierte Mitarbeiter durch eine höhere Identifikation und durch den Aufbau einer emotionalen Bindung langfristig an das Unternehmen gebunden werden."[12]

Die definierten Employer-Branding-Massnahmen können hervorragend auf LinkedIn™ ausgespielt werden.

Fünf Tipps für Employer Branding auf LinkedIn™

1. LinkedIn™ Profil

Auf jeden Fall ein LinkedIn™ Profil. Klingt absolut logisch, oder? Bevor du im Spiel mit dabei bist, gilt es ein Profil zu haben. Bevorzugt eines, das aktiv bespielt wird, sonst nützt die ganze Sache herzlich wenig. Doch natürlich ist es für ein Unternehmen noch nicht getan, wenn du dein eigenes Profil nutzt. Selbst dann nicht, wenn sich weitere Mitarbeiter anschliessen. Auf jeden Fall braucht es auch eine Unternehmensseite.

Was brauchst du dafür?

Da eine Unternehmensseite Teamwork bedeutet, fügst du vorzugsweise auch mehr als einen Seitenadministrator hinzu. Voraussetzung, um diese zu integrieren, ist eine Vernetzung der Profile.

Einheitliches Gesamtbild

Wichtig ist auch hier ein professioneller Unternehmensauftritt unter Berücksichtigung der Corporate Identity Für die Unternehmensseite braucht es wie für dein persönliches Profil ebenfalls wirksames Titel- und Profilbild (hier ist es eine Überlegung wert, das Logo zu nehmen). Der visuelle Auftritt sollte auf jeden Fall mit der für Marketing- wie Kommunikationsverantwortlichen Person abgestimmt werden. Vorzugsweise ist dem Seitenbetrachter direkt klar, was das Unternehmen macht.

Nun kommt mit der Beschreibung der Textteil mit dem Slogan direkt unterhalb des Headers. Dieser hat die Kraft, in 120 Zeichen direkt klar zu machen, wofür dein Unternehmen steht. Gute Nachrichten: Die Beschreibung lässt mit 2000 Zeichen deutlich mehr Spielraum. Besonders nach den relevanten ersten etwa 160 Zeichen kann hier also ausführlicher kommuniziert werden, was von euch zu erwarten ist. Fragst du dich jetzt, warum die ersten Zeichen anders bewertet werden? Nun, unser Freund Google nutzt diese für eine Vorschau und du kannst dir die Relevanz der Klarheit deines Textes also gut vorstellen.

2. Zeig dich

Dich zu zeigen, super easy und bereits erledigt, denn du sowie dein Unternehmen haben ja jetzt ein Profil. Ganz so leicht ist es dann mit der Sichtbarkeit leider doch nicht und dich zu zeigen ist mehr als auf einer Plattform anwesend zu sein. Es bedeutet die Umsetzung der Tipps aus diesem Buch, also mit regelmässigem Content im Gespräch zu bleiben. Im Bezug aufs Employer Branding bedeutet das, die Menschen ins Unternehmen und seine Prozesse mitzunehmen. Mitarbeitenden die Gelegenheit zu geben, sichtbar zu sein und mit offenen Worten an ihrem Berufsalltag teilhaben zu lassen. So erhalten Interessierte und Kandidaten einen guten Einblick, wie es in deinem Unternehmen zu und her geht und finden heraus, ob das passt.

Es gilt stets, der Zielgruppe weiterzuhelfen, daher kommst du nicht drum herum, authentisch zu sein. Ebenfalls ist es unabdinglich, für den Leser relevante Inhalte zu posten und Gespräche zu führen. Durch die damit verbundene Erhöhung der Reichweite, vergrössert sich auch der Kreis potenzieller Mitarbeitenden in deinem Unternehmen.

Am besten ist es, wenn du auch hier die Formate abwechselnd einsetzt und zwischendurch auch die Kraft von Videos nutzt.

Faul zu sein kannst du dir hier nicht leisten

Talente erwarten viel, daher gilt es, dran zu bleiben, und zwar selbst und ständig. Denn nur wer dieser hohen Qualität auch gerecht wird, hat die Chance, Menschen anzusprechen, die zum Unternehmen passen. Ganz ehrlich, die Welt ist dynamisch und auch du würdest eher weniger mit einer LinkedIn™-Leiche in Kontakt treten oder sogar für sie arbeiten wollen.

Last but not least:

Teilen ist eine soziale Eigenschaft mit Wirkung, sei daher offen, auch bei anderen Profilen fleissig mitzukommentieren oder deren Inhalte auf deinem Profil oder der Unternehmensseite zu teilen. Das machen noch wenige Recruiter und bietet sich daher an, um Aufmerksamkeit zu erhalten.

3. Sei du selbst, alle anderen gibt es schon

Die Zeiten, in denen Unternehmen erfolgreich waren, weil ihr äusserer Schein so schön blendete, sind langsam vorbei.

Fachkräften wird es immer wichtiger, dass sie ihre Werte vertreten wissen, ein Faktor, der auch vor Arbeitgebern nicht Halt macht. Besser ist es, frühzeitig herauszufinden, ob man zusammenpasst. Zeig also ruhig Authentizität und wie es in deinem Unternehmen wirklich ist, statt auf gekaufte Bilder und Imagefördernde Massnahmen zurückzugreifen, es wird dir heute schlicht nicht mehr abgekauft.

Wechsel ruhig vor dem Posten die Perspektiven und stell dir vor, welche Tatsachen dein Unternehmen dich selbst als Arbeitnehmer anziehend macht? Würdest du es schnell herausfinden, wenn das Geschriebene weit weg von Tatsachen ist? Fändest du es toll, das herauszufinden? Wo beginnt für dich Wertschätzung?

Es gilt das Gleiche wie sonst im Leben:

Auch im Employer Branding bist du am besten beraten, wenn du ganz dich selbst bist. Also trau dich ruhig und zeig, wie dein Unternehmen ist. Ganz real und echt, denn es geht viel weniger um Perfektionismus als um Sympathie und Nähe. Die Frage, welche ich mir selbst immer stelle: Will ich allen gefallen oder einfach den Menschen, die zu mir passen? Meine eigene Erfahrung zeigt, dass es keinesfalls schadet, statt Phrasen zu dreschen, mehr Klartext zu sprechen. Punkt 3 steht hier mit Rat und Tat zur Seite, denn ohne Mitarbeiter geht es nicht, auch nicht beim Employer Branding auf LinkedIn™.

4. Warum alleine, wenn es gemeinsam leichter ist?

Stell dir vor, du bist auf Jobsuche und informierst dich auf LinkedIn™ über ein Unternehmen: Was denkst du, würde dich besonders interessieren? Wahrscheinlich, wie sich deine Arbeit dort gestaltet. Mit wem du es zu tun hättest, wenn du da arbeitest. Ob eher Teamwork oder alle gegen einen gelebt wird. Vermutlich hauptsächlich die Aspekte, welche deinen Alltag betreffen …

Daher kann ich dir nur empfehlen, auf LinkedIn™ das Wort immer mal wieder an deine Mitarbeiter zu übergeben. Das sinnvollste Vorgehen ist es, diese zuerst dazu einzuladen, sich mit der Unternehmensseite zu vernetzen. Danach trägst du ihre interne Position im Unternehmensprofil ein. Wie von Zauberhand hast du bereits dadurch die Reichweite erhöht.

Doch das alleine reicht nicht, daher unterstützt du sie nun dabei, zu aktiven Botschaftern zu werden. Sinnvoll sind hier Aktivitäten, die auf deine Marke einzahlen. Zeig dein Team und gib deinen Mitarbeitern die Chance, sich mit eigenen Worten vorzustellen. Ob das per Text, Video, Audio oder Bilder geschieht, das überlässt du bevorzugt den Vorlieben der einzelnen Personen. Wie überall ist es auch für die Talente, die sich über dein Unternehmen informieren, sehr wichtig, sich ein Bild zu verschaffen und ein Gefühl für die Stimmung zu erhalten. Bevorzugt ist das sogar der erste Schritt im Onboarding.

Tatsächlich ist es hilfreich, wenn der Wunschkandidat dank LinkedIn™ sieht, dass er in deinem Unternehmen bereits jemanden kennt. Noch besser ist es natürlich, wenn dieser Kontakt auf Nachfrage die vermittelten Werte bestätigt, statt dementiert. Auch hier hilft übrigens der Gartenzaun, sprich es hilft, wenn du Hashtags gezielt für dein Recruiting einsetzt.

Es gibt immer mehrere Wege für dein Employer Branding

Sprich: Das eine tun und das andere deswegen nicht lassen, diese Regel gilt auch hier. Es ist von grossem Vorteil, wenn die Mitarbeiter nebst einem Like auch einen Kommentar für deine Beiträge übrig haben. Diese bedeuten dem Algorithmus nämlich noch mehr und spielt den Post dadurch einem grösseren Kreis von Menschen auf ihrer Startseite aus.

Auch super sind Mitarbeiter, die deine Posts teilen oder das Unternehmen in ihren Beiträgen taggen. Wichtig ist, dass deine Mitarbeiter wissen, welche Hashtags das Unternehmen nutzt, also nutz die Chance und betreibe auch hier eine offene Kommunikationskultur. Hier darf es kreativ sein und der Name des Unternehmens muss nicht zwingend eine Rolle spielen. Sinn macht, dass er mit deinem Unternehmen assoziiert wird und unvergesslich ist. So wie etwa mein Motto #traudicheinzigartig.

5. Gutes tun und darüber sprechen

Gibt es etwas Spezielles, wovon deine Mitarbeiter profitieren? Was immer es auch ist, lass es zukünftige Talente wissen. Vielleicht machst du ja auch eine kleine Umfrage, was deinen Mitarbeitenden im Unternehmen am besten gefällt und teilst diese? Emotionen siegen auch hier, also setze bevorzugt Bilder ein, in denen diese Vorzüge gezeigt werden, am besten mit echten Mitarbeitern drauf. Vorfreude ist ja bekanntlich die schönste Freude, das darfst du zum Vorteil von Unternehmen wie Interessierten nutzen.

Du liest bestimmt überall von ihnen: Generation Z, Digital Natives und Co. Sie alle haben hohe Ansprüche, ja. Sie wünschen sich mehr Ethik in Unternehmen und eine Kultur, die lebt, was sie verspricht. Sie möchten Einfluss nehmen und sich weiterentwickeln, echte Veränderung leben und nachhaltig wirken. Für sie zählt mehr das Sein, denn der Schein, und so möchten sie so manches selbst bestimmen, was früher von oben vorgegeben war. Die Menschen dieser Zielgruppe wollen gute Arbeit leisten und sich einsetzen. Die gute Nachricht: Viele von ihnen kannst du mit LinkedIn™ erreichen. Indem dein Unternehmen diesen Vorsprung lebt, der hier gewünscht wird, bietet sich die Chance treue Sympathisanten zu gewinnen und diese zum passenden Zeitpunkt optimalerweise als Mitarbeiter zu gewinnen.

Du siehst also:

Weder LinkedIn™ noch das Employer Branding dort ist ein Hexenwerk. Es ist sogar ganz einfach umzusetzen. Sei sichtbar und freundlich, zeig dich immer wieder und bleibe der Wahrheit treu. Wenn du dann noch einen unterhaltsamen Faktor in ansonsten eher trockenes Wissen rein bringst, werden dir die Herzen potenzieller Mitarbeiter bestimmt über kurz oder lang zufliegen.

Social Selling

Social Selling versus Kaltakquise

Sei ganz ehrlich zu dir selbst: Magst du Kaltakquise? Persönlich kenne ich nämlich kaum jemanden, der es mag. Es sei denn, diese Person ist Vollblutverkäufer oder mit Leib und Seele durch und durch Headhunter. Bei allen anderen stosse ich bei meinen Trainings immer wieder auf Ablehnung, wenn das Thema Kaltakquise im Raum steht.

Die gute Nachricht ist, dass es mit Social Selling eine elegantere und genauso effiziente Möglichkeit gibt.

Was ist Social Selling?

Bei Social Selling handelt es sich um den Prozess zum Aufbau von Geschäftsbeziehungen in den sozialen Netzwerken. Auf Deutsch bedeutet es *soziales Verkaufen* und kommt vor der Kaufentscheidung zum Einsatz. Wichtig ist dabei der direkte Dialog, das persönliche Gespräch, um Nähe und Vertrauen entstehen zu lassen. Ebenfalls sehr relevant ist es, dass die einzelnen Schritte des Verkaufsprozesses genau eingehalten werden. Nur so kann das Ziel, eine vertrauensvolle Beziehung zu deinen Kunden aufzubauen, erreicht werden.

Die Welt des digitalen Marketings ist sehr gross und umfassend. Im Social-Media-Marketing-Bereich befinden wir uns in einem ganz kleinen Teilbereich des Marketings, allgemein und noch differenzierter ist der Bereich des Social Sellings. Unter Social Selling wird nur die soziale Komponente des Verkaufens verstanden.

Social Selling versus Social-Media-Marketing

Bestimmt hast du die Begriffe Social Selling und Social-Media-Marketing schon öfter gehört, aber der Unterschied war dir nicht ganz klar. Das erkläre ich dir gerne. Der Unterschied liegt in der Art und Weise der Kommunikation. Hier mal eine kurze Zusammenfassung: Social Selling ist eine von LinkedIn™ geprägte Verkaufsstrategie. Wenn wir von Social-Media-Marketing sprechen, handelt es sich um eine One-to-many-Kommunikation. Das findet zum Beispiel in Webinaren statt, wenn der Vortragende gleichzeitig zu dir und Hunderten von Menschen spricht. Social-Media-Marketing, also „One-to-many“, findet dann statt, wenn du mit vielen Menschen gleichzeitig sprichst und deine Botschaft an all diese Menschen gerichtet wird. Bei Social Selling wird mehr direkt und persönlich miteinander gesprochen, also One-to-one. Hier kommunizierst du im direkten Dialog mit bestimmten, ausgewählten Menschen über die Chat-Funktion, Sprachnachrichten oder Videonachrichten. Es geht auf keinen Fall darum, sofort mit der Tür ins Haus zu fallen und ein Angebot zu unterbreiten, sondern darum, vorerst Vertrauen aufzubauen. Später kann über dein Angebot gesprochen werden und auch darüber, ob es für deinen Partner interessant sein könnte. Social Selling ist sicher nicht der schnellste Ansatz, wenn es ums Verkaufen geht, aber ganz sicher nachhaltig! Langfristig zahlt es sich also auf jeden Fall aus.

Grundsätzlich gibt es hier zwei unterschiedliche Definitionen:

Zum einen das Business to Business, kurz B2B, und zum anderen das Business to Consumer, kurz B2C. Während es sich beim B2B um eine Kaufbeziehung zwischen zwei Unternehmen handelt, handelt es sich beim B2C immer um Konsumenten, also Privatpersonen auf der einen und ein Unternehmen auf der anderen Seite. Doch eines dürfen wir nicht vergessen: Wir haben es immer mit Menschen zu tun. Es ist stets ein Business **people to people** oder **human to human**, deshalb ist die soziale Komponente so wichtig.

Heute informieren sich die Leute im Netz ganz genau, bevor sie eine Kaufentscheidung treffen. Sie stöbern im Internet und lesen Bewertungen und Beurteilungen, informieren sich genau über das Produkt oder die Dienstleistung und prüfen, ob die Investition auch tatsächlich sinnvoll für sie ist. In diesem Zusammenhang spricht man von Social Proof.

An dieser Stelle möchte ich dir klarmachen, wie wichtig es ist, dass du dich aktiv in Social Selling einbringst. Wenn du das versäumst, tauchst du im Kauf-(entscheidungs-)Prozess der Kunden nicht auf. Denn wer nicht gesehen wird, von dem wird auch nicht gekauft. Das bedeutet. Wenn Menschen auf Verkäufer oder Key-Account-Manager treffen, ist der Kaufvorgang bereits zu **57 Prozent** abgeschlossen.

Durch Social Selling wollen wir erreichen, dass die Leute viel früher auf uns aufmerksam werden und von uns erfahren. Nicht erst, wenn sie kurz vor dem Abschluss stehen. So fördert richtiges Social Selling deinen Geschäftserfolg.

Das heisst, je nachdem, wo sich dein idealer Kunde in der Customer Journey befindet, verlangt dies eine andere Kommunikation auf LinkedIn™. Interessenten brauchen gezielte Informationen und spezifischen Content von dir, um näher an dich herantreten zu können.

Heute ist vieles anders

Käufer sind anspruchsvoller und besser informiert denn je. Seit Einzug des Internets stehen ganz neue Möglichkeiten offen, was viel mehr Transparenz und Informationen für den Käufer bedeutet. Gekaufte Adressen und Telefonakquise sind also eher out. Nach wie vor funktioniert das, ich möchte nichts anderes behaupten. Doch warum nicht die neuen Wege nutzen, welche uns die Technologie ermöglicht? Heute erreicht man digital fast alle Menschen. Die Mehrheit der Weltbevölkerung hat ein Mobiltelefon, sogar in armen Ländern sieht man Menschen der unteren Einkommensschicht in Besitz eines Smartphones. Jeder fünfte Einwohner hat im vergangenen Monat einmal online eingekauft; die Tendenz ist seit Frühjahr 2020 massiv steigend. Damit will ich sagen, dass du es dir einfach machen kannst.

Was du über deinen Käufer wissen musst: 70 Prozent wünschen sich von dir eher eine persönliche Nachricht als ein Telefonat. Warum ist das so? Ein Telefonat bedeutet immer eine Unterbrechung im Tagesablauf, der mit vollgestopften Terminkalendern einhergeht. Ganz ehrlich, wie wahrscheinlich ist es, dass du dein Gegenüber gleich zum richtigen Zeitpunkt erwischst? Verschwindend klein. Bei einer personalisierten Nachricht kann die Person jedoch dann antworten, wenn sie Zeit und Lust hat.

72 Prozent der Käufer geben an, personalisiertes und individualisiertes Marketing zu bevorzugen.

Bedeutet also, in Mailings, Newsletters und Nachrichten unbedingt die persönliche Ansprache zu nutzen. Bitte versende niemals generische Mitteilungen, das geht einfach gar nicht. Die Ansprache kann sowohl in Du- wie in Sie-Form erfolgen. Hier gibt es kein Richtig oder Falsch, sondern es muss zu deinem allgemeinen Marketing passen.

50 Prozent der heutigen Suchanfragen auf Google™ sind Voice-Anfragen. Siri™ von Apple™, Alexa™ von Amazon™, Google™, Now™ und Cortana™ von Microsoft™ sind ebenfalls sehr hoch im Kurs. Das heisst für dich: Wenn du deine Botschaft beim Käufer platzieren willst, musst du diese Trends kennen und dein Marketing dementsprechend anpassen. Grosse Unternehmen nutzen teilweise sogar personalisierte Webseiten, um genau diesen Effekt zu erzeugen.

Der Wertewandel

Wo es früher noch hiess: „Was kann ich meinem Kunden heute verkaufen? Wie bringe ich ihn zu einem Zusatzangebot oder einer weiteren Dienstleistung?", hat es sich heute gewandelt zu: „Wie kann ich meinem Kunden noch besser helfen oder dienen? Wie kann ich noch mehr Mehrwert generieren?"

Der heutige Käufer ist nicht nur besser informiert und anspruchsvoller, er möchte emotionaler abgeholt werden. In deiner Kommunikation im Social Selling solltest du also unbedingt werteorientiert kommunizieren.

Im Social Selling geht es um den Vertrauensaufbau zu deinem Kunden. Lass uns das an dieser Stelle etwas beleuchten. Deine Kunden beobachten dich schon sehr lange, und durch Social Media hast du teilweise mit Menschen und

Interessenten zu tun, die du nicht kennst oder die noch nicht auf deinem Radar hast. Wir Schweizer sind sehr zurückhaltende Menschen, wir liken und kommentieren sehr selten. Das bedeutet aber nicht, dass wir die Leute nicht beobachten. Lass dich also zu Beginn deiner Zeit auf LinkedIn™ nicht entmutigen, wenn du nur wenige Likes hast. Das bedeutet nämlich nicht automatisch, dass nicht 20 andere Leute deinen Content gut finden und dich beobachten. Durch Social Selling gibst du den Menschen in deiner Umgebung die Möglichkeit, in ihrer Geschwindigkeit und ihrem eigenen Tempo auf dich zukommen zu können. Dieses Verständnis ist sehr wichtig. Denn alles andere wäre aufdringlich und absolut nicht zielführend.

Vielleicht kennst du das Wort Kaltakquise und es erzeugt in dir ein ungutes Gefühl in der Magengegend. Diese plumpe und aufdringliche Art des Verkaufens ist auf beiden Seiten in den meisten Fällen sehr unbeliebt. Menschen direkt auf den Kauf anzusprechen oder fremde Menschen einfach anzurufen ist sicher nicht jedermanns Sache. Wenn du Social Selling richtig betreibst, wird sich die Zahl der Kaltakquise-Anrufe deutlich reduzieren, und Kunden kommen von ganz alleine auf dich zu. Einerseits geschieht dies durch den Mehrwert und den wertvollen Inhalt deiner Postings, der genau den Menschen auffällt, die deine Arbeit schätzen. Diese Gruppe von Menschen beobachtet dich sehr gut, beginnt dich zu kopieren und achtet genau darauf, was dein nächster Schritt ist. Wenn du für deine Zielgruppe den richtigen Inhalt streust, dann wirst du nie wieder am Telefon sitzen und Kaltanrufe erledigen, sondern die Leute werden sich bei dir melden. Die Stunden, welche du normalerweise mit Akquise verbracht hast, werden dadurch massiv reduziert, und du sparst dir sehr viel Zeit.

Der richtige Aufbau von Social Selling und eines LinkedIn™-Profils braucht Zeit und funktioniert nicht über Nacht. Keinesfalls stehen am nächsten Morgen die Kunden bereits Schlange. Das wäre zu schön. Doch wenn du es von Anfang an richtig machst, dein Profil so gestaltest, dass es ansprechend und einladend ist, und dazu guten Content postest, ist dir der Erfolg gewiss. Dann wirst du immer genügend Anfragen von Interessenten haben, die deine Zielgruppe sind und genau nach deinem Angebot gesucht haben.

Fragst du dich jetzt, warum ich das weiss? Weil ich diese Erfolge seit vielen Jahren immer wieder erlebe. Weil ich im Krisenjahr 2020 über 50 Prozent meines Umsatzes über LinkedIn™ gemacht habe. Weil meine Kunden, die gar nicht erst auf LinkedIn™ präsent sein wollten, mir immer wieder bestätigen, dass sie 90 Prozent ihres Umsatzes jetzt von dieser Plattform generieren und täglich mindestens einen neuen Lead dazugewinnen. Diesen Erfolg und diese positive Erfahrung wünsche ich mir auch für dich.

Wie schon erwähnt, betreiben die Kunden Social Buying; sie checken dich aus und scannen dich von oben bis unten, bevor sie einen Termin bei dir buchen. Deshalb sind auch Instrumente, wie beispielsweise Google My Business, so wichtig. Dort kannst du dir ein kostenloses Unternehmensprofil anlegen und wirst dadurch viel leichter gefunden. Auch Trustpilot und Provenexpert werden im DACH-Raum gerne genutzt; für beide gibt es kostenfreie wie kostenpflichtige Versionen.

Ein weiterer Punkt für ein optimales Social Selling sind Bewertungen. Wenn du zum Beispiel ein Hotel buchst, schaust du dir vorher sicher die Bewertungen im Internet genau an, bevor du dich entscheidest. Nutze auch du die Möglichkeit, Bewertungen für dich einzuholen, und hole dir Referenzen von ehemaligen Arbeitgebern, Kollegen, Teamleitern oder eben auch von zufriedenen Kunden ein. Diese Möglichkeit für dich und dein Marketing ist die einfachste und günstigste Art der Werbung.

LinkedIn™ bietet dir die einmalige Chance, durch deinen Content deinen Expertenstatus immer weiter aufzubauen.

Durch das Interagieren mit Menschen kommt es früher oder später dazu, dass sie dich vertaggen, also dort verknüpfen, wo deine Expertenmeinung gefragt ist. Du bist zum Beispiel ein Experte auf dem Gebiet 5G. Dann werden die Leute aus deinem Netzwerk deinen Namen nennen und dich empfehlen. Oder wenn es um das Thema „Vegane Ernährung" geht und du jemanden kennst, der sich gut damit auskennt, wirst auch du diese Person weiterempfehlen. Dies bedeutet, dass du zu einer sogenannten Go-to-Person wirst.

Ganz zu Beginn habe ich dich gebeten, dir immer wieder die Frage zu stellen, was du für dein Business umsetzen kannst. Und genau diese Frage solltest du dir jetzt wieder stellen. Wie kannst du dafür sorgen, dass du zu einer Go-to-Person wirst? Was benötigt es dazu, und in welchem Bereich bist du Experte?

Vertrauen schlägt alles

Wie also kannst du dich von deinen Mitbewerbern abheben?

Indem du mittels Social Selling eine Beziehung aufbaust, Mehrwert stiftest und somit das Vertrauen deiner Interessenten geniesst. Dadurch sind sie erst gewillt, bei dir zu kaufen. Auch grosse Unternehmen haben Social Selling für sich entdeckt, und es werden immer mehr Verkäufer mit Social-Selling-Profilen eingestellt. Heute ist bekannt, dass ein Verkäufer mit Social Selling-Ansatz den doppelten ROI für sein Unternehmen erzielt als mit traditionellen Verkaufsmethoden. Natürlich spielt hier der Faktor des Vertrauens massgeblich mit.

Vier Vorteile von Social Selling

Zeit sparen

Der wichtigste Faktor für effizientes Marketing ist die Zeitersparnis. Menschen mit Entscheidungskompetenz möchten nur noch zu- oder absagen können und ihre Zeit nicht mit mühsamer Vorarbeit verschwenden. Genauso wenig wollen sie ständig angerufen werden. Das bedeutet für dich, deinen Fokus auf Gespräche mit Menschen zu richten, die sich schon entschieden haben, mit dir arbeiten zu wollen.

Kaltanrufe reduzieren

Mit einem für die Zielgruppe relevanten Content Marketing kommunizierst du schon längst direkt. Menschen, die sich von deinem Content angesprochen fühlen, treten also mit dir in Interaktion. Du musst weniger aktiv auf sie zugehen, sondern sie kommen in ihrer Geschwindigkeit zu dir. Das ist ausschlaggebend, denn nicht jeder potenzielle Kunde ist genau gleich. Einige sind schnell und sehr entscheidungsfreudig, andere wiederum möchten dich zuerst ein wenig beobachten. Dies führt dazu, dass Menschen auf dich zukommen, wenn sie zum Kauf bereit sind. Genial ist, dass du weniger Outbound betreiben musst und, wie oben erwähnt, eine Zeitersparnis erfährst.

Expertenstatus

Durch den regelmässigen Content, natürlich mit Mehrwert, wirst du zu der Ansprechperson für die Themen deiner Zielgruppe. Du baust Vertrauen zu dir auf, wirst von deiner Fanbase über deine Reichweite hinaus geteilt und erlangst so Expertenstatus. Man spricht auf Englisch auch von der Go-to-Person.

Kundenbindung

Da deine Interessenten nicht durch einen lästigen Telefonanruf eine Unterbrechung in ihrem Tagesablauf erleben, sondern den Content zu der Zeit konsumieren können, in der es am besten in ihren Tag passt, schenken sie dir ihre volle Aufmerksamkeit und sind gleichzeitig beim Zuhören in besserer Stimmung. Diese zwei psychologischen Faktoren sind sehr kraftvoll und nicht zu unterschätzen. Durch den oben genannten Expertenstatus wird gleichzeitig das Vertrauen in dich als Personenmarke und Fachperson gestärkt. Wenn sie dann kaufen, sind sie bereit für dich und dein Angebot. Der ganze Verkaufsdruck, den man sonst kennt, fällt gänzlich weg. Ich selber erlebe es immer wieder und meine Kunden genauso. Zusätzlich wird die Customer Life Time Value durch diesen Vorgang erheblich gesteigert.

Wie du das konkret machst, wird später anhand meines ABC-Modells konkret erläutert. Kurz angerissen musst du es zu Beginn schaffen, die Aufmerksamkeit deiner Zielgruppe zu erreichen. Wie gelingt dir das am besten? Indem du immer wieder guten Content und interessante Postings mit viel Mehrwert veröffentlichst. Nur wer Mehrwert bietet, erweckt das Interesse der Community und kann mit dem Aufbau von Beziehungen beginnen. Ein absolutes „no go" ist es, zu schnell mit der Tür ins Haus zu fallen. Vielleicht kennst du das auch: Du bist gerade neu auf der Plattform, und schon wirst du mit Kontaktanfragen und Angeboten überschüttet. Aber diese plumpen Annäherungen mag niemand. Gib den Menschen, bei denen du Aufmerksamkeit erregt hast, die Zeit, sich dir in ihrem Tempo zu nähern, und überfalle sie nicht mit deinen grossartigen Angeboten. Das wäre viel zu penetrant. Werde sichtbar und hole dir die Aufmerksamkeit der Menschen durch deinen Mehrwert, den du immer wieder postest, denn dadurch gelingen dir gute und langfristige Beziehungen auf.

Wenn du die Aufmerksamkeit erweckt hast und Beziehungen aufgebaut hast, dann kannst du zu der Conversion übergehen. Conversion ist die Umwandlung von Interessenten in zahlende Kunden; es besteht aus zwei Komponenten: zum einen dem Call-to-Action, der Handlungsaufforderung, und zum anderen dem stilvollen Verkauf deiner Produkte oder Dienstleistungen. Solltest du diese Schritte behutsam und konsequent durchziehen, dann werden die Menschen dich finden und auch bei dir kaufen.

Wenn du dich an meine ABC-Methode hältst, dann sparst du dir viel Zeit, Nerven und Geduld. Fokussiere dich auf die Personen, die sich bereits für dich entschieden haben. Die du mit deinem Content und deinen Inhalten in dem Post bereits überzeugt hast, mit dir den nächsten Schritt zu machen. Denn bei diesen Gesprächen werden nur mehr Details abgeklärt, und das macht so viel Freude.

Der häufigste Fehler beim Social Selling

Viele Menschen sind ungeduldig und fallen mit der Tür ins Haus. Sie wollen dir sofort etwas verkaufen, doch das schreckt ab und schadet deiner Marke. Es ist also nicht zielführend. Natürlich wirst du mit aggressiven Verkaufsmethoden immer ein paar Kunden finden, aber auch immer auf der Jagd nach Kunden sein. Social Selling soll dich dahin bringen, dass du nie mehr jagen musst. Damit dir das gelingt, gilt es, dich mit der Kundenreise auseinanderzusetzen.

Die Kundenreise

Das Wichtigste bei der Kundenreise? Zu verstehen, wo und in welchem Stadium du mit deiner Kommunikation ansetzt, um eben nicht mit der Tür ins Haus zu fallen. Da sehe ich in der Social-Media-Kommunikation die häufigsten und fatalsten Fehler.

Also überlege dir mal kurz, an wen du dich mit deiner Kommunikation wendest.

Ist es jemand, der noch gar nicht weiss, dass er ein Problem hat und dass du mit deinem Angebot die Lösung bist (unknown)? Oder eher jemand, der schon vieles ausprobiert hat, bei dem aber noch nichts funktioniert hat?

Gerne möchte ich mit dir die Stadien anhand von drei konkreten Beispielen durchleuchten. Behalte diese gerne im Hinterkopf.

Beispiel 1:

Martin ist im mittleren Management und stellt vermehrt fest, dass er trotz regelmässigem Sport immer mehr zunimmt. Er möchte dieses Problem lösen.

Beispiel 2:

Daniela ist Angestellte und hat seit Monaten immer wieder Kopfschmerzen, von denen sie sich nicht erklären kann, woher sie kommen. Sie hat schon so vieles ausprobiert, doch nichts hat etwas gebracht.

Beispiel 3:

Victoria ist Angestellte und Mama von zwei Kindern. Sie ist nicht mehr wirklich motiviert, doch ihren Job erneut zu kündigen und zu wechseln, wird ihr nichts bringen. Das hat sie schon mehrmals gemacht, und es kam zu keiner Veränderung. Sie hat keine Ahnung, wie sie dieses Problem lösen könnte.

Stufe 1: Creation of Awareness – Bewusstseinsbildung

Auf dieser Stufe geht es darum, der Person überhaupt aufzuzeigen, dass sie ein Problem hat.

Wenn wir uns also auf die drei Beispiele konzentrieren:

Martin merkt, dass seine Hosen immer enger werden und sein Bauch grösser wird. Es stört ihn und er kennt verschiedene Möglichkeiten, wie er das Problem angehen könnte. Das heisst, er ist sich der Problematik bewusst. Auf dieser Stufe müssen wir also für Martin keine Kommunikation betreiben, denn er ist in der Customer Journey (siehe Gesamtgrafik) schon einen Schritt weiter. Er hat sich aufgrund von Recherchen bereits auf die Suche nach Lösungen gemacht.

Daniela hingegen weiss zwar, dass sie ein Problem hat, nämlich Kopfschmerzen. Sie hat schon alle klassischen Wege versucht, und nichts hat etwas gebracht. Das heisst, Daniela war schon mehrmals Kundin verschiedener Angebote, ist jetzt aber wieder auf der Stufe Unawareness. Sie weiss nämlich nicht, dass sie ihre Kopfschmerzen aufgrund von Duftstoffen hat. Hier müssen wir also Daniela auf die Problematik aufmerksam machen, dass Kopfschmerzen auch durch Duftstoffe ausgelöst werden können. Eine hilfreiche Art der Kommunikation sind hier wissenschaftliche Studien und Statistiken. Hier setzt man auch gerne PR und Content Marketing ein.

Bei Victoria ist es so, dass sie ein Problem hat, nämlich Unzufriedenheit im Job, doch sie kennt nur eine Lösung. Nämlich den Job zu wechseln. Da sie das schon mehrmals gemacht und es nichts verändert hat, wird sie diesen Weg nicht erneut wählen. Hier müssen wir ebenfalls damit ansetzen, Victoria mit einer Thematik vertraut zu machen, die sie noch nicht kennt. Die Möglichkeit, remote oder von zu Hause aus zu arbeiten. Hier setzen wir ebenfalls damit an, über diese Möglichkeiten aufzuklären. In diesem Fall sind wir mit meiner eigenen Firma, thedigitalacademy.ch, folgendermassen vorgegangen: Wir haben Bücher darüber geschrieben, um über diese Möglichkeiten aufzuklären und ein Bewusstsein zu schaffen, und setzten PR und YouTube™ ein.

Fazit: Für Victoria und Daniela macht es Sinn, auf dieser Stufe mit der Kommunikation zu beginnen. Martin ist schon weiter und braucht das nicht.

Stufe 2: Recherche – Bewusstseinsschärfung

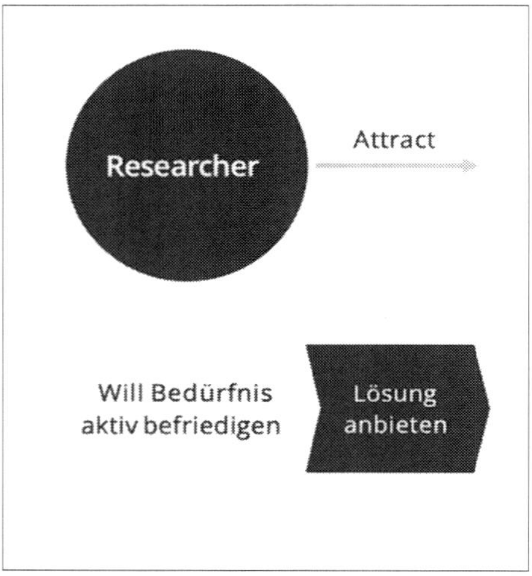

Auf der Stufe der Bewusstseinsschärfung haben die Interessenten bereits erkannt, dass sie ein Problem haben. Sie machen sich bewusst im Netz schlau, wie sie die Problematik angehen könnten. Es ist wichtig, hier mit der Kommunikation anzusetzen und so schnell als Experte oder Fachperson wahrgenommen zu werden.

Das heisst, wir müssen im Netz auftauchen.

Nehmen wir die Beispiele wieder zur Hand.

Martin braucht die Informationen, dass es eine vielversprechendere Vorgehensweise gibt als Kalorienzählen, kohlenhydratarme Diät oder mehr Training. Stell dir vor, du könntest Martin zeigen, wie er mit einer einfachen Gewohnheitsveränderung sein Gewicht wieder im Griff hat, und das ohne grossen Zeitaufwand oder starke Einschränkungen im Alltag. Wäre das für Martin interessant? Natürlich, denn als Manager möchte er nicht mehr Zeit als nötig in diese Thematik investieren, und dennoch ist er ehrgeizig und möchte wieder in Form sein.

Hier würden sich also verschiedene Massnahmen eignen.

Blogartikel, Webseite, YouTube und eben auch dein LinkedIn™-Profil.

Auf dieser Stufe müssen wir dafür sorgen, dass du als Expertin oder Experte im Netz gefunden wirst. SEO ist hier das Stichwort.

Bei Daniela ist es ähnlich. Nachdem wir ihr Bewusstsein auf die Thematik gelenkt hatten und sie den möglichen Zusammenhang zwischen Duftstoffen und ihren Kopfschmerzen erkannt hat, müssen wir dafür sorgen, dass sie weitere Inhalte von uns konsumiert, die sie weiter davon zu überzeugen, dass unsere Lösung ein möglicher Weg für sie ist. Wir gehen ähnlich vor wie bei Martin. Blogartikel, Webseite, YouTube und LinkedIn™-Profil. Vielleicht bieten wir ihr zusätzlich noch eine Checkliste oder ein Quiz an. Denkbar sind auch Erfahrungsberichte, in denen die Leute erzählen, wie sie die Veränderung „Kopfschmerzfrei" geschafft haben.

Victoria ist total begeistert, nachdem sie das erste Mal mit dem Thema Remote-Arbeit in Kontakt gekommen ist. Sie scannt das Netz nach allen möglichen Informationen ab. Hier ist es wichtig, dass wir immer wieder in ihren Suchanfragen auftauchen. Blogartikel, Webseite, YouTube™ und eben LinkedIn™-Profil. Im Fall von Vitoria eignen sich auch PR-Artikel, Buchrezensionen auf Amazon oder Referenzen von ehemaligen Teilnehmern auf der Webseite.

In allen drei Fällen wird LinkedIn™ relevant.

Was die Wenigsten wissen, ist, dass man sein LinkedIn™-Profil so optimieren kann, dass man eben auch auf Google gefunden wird. Und das ist für die Stufe der Bewusstseinsschärfung sehr, sehr wichtig.

Drei Kriterien, damit Interessenten auf LinkedIn™ zu zahlenden Kunden werden

1. **Sichtbarkeit:** Dein Profil muss so optimiert sein, dass es auch ausserhalb von LinkedIn™ gefunden wird. LinkedIn™ selbst tut einiges dafür, dass dein Profil gut rankt. Den Feinschliff musst du selber machen. Dafür hast du ja dieses Buch.

2. **Auffindbarkeit:** Dein Profil muss in der Suchanzeige auf Google, Bing und sämtlichen Suchmaschinen auftauchen. Im Laufe der Kapitel wirst du noch lernen, wie du dein Profil so gestaltest, dass du besser gefunden wirst.

3. **Der erste Eindruck:** Es gibt keine zweite Chance für den ersten Eindruck. Genau das trifft auch bei LinkedIn™ zu. Wurde jemand über einen Artikel von dir auf dein LinkedIn™-Profil aufmerksam und landet dort, ist es deine Aufgabe, dein Schaufenster wirklich überzeugend zu gestalten. Sonst ist die Person wieder weg, denn nichts ist schlimmer als ein verwahrlostes Profil, bei dem man nicht weiss, ob die Person dieses überhaupt aktiv nutzt. Doch du bist anders, denn du bist ja hier, um genau das zu lernen und es eben richtig zu machen.

Beim Profil gibt es weitere Kriterien, die matchentscheidend sind. Deine glasklare Positionierung, welche dich von der Masse abhebt, und dein Expertenstatus. Diese Aspekte kannst du bereits im Profil richtig herausarbeiten.

Stufe 3: Besucher – Visitor

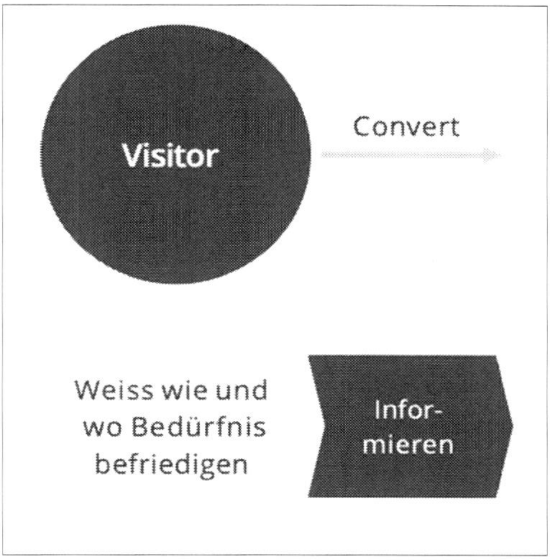

Auf der Stufe des Besuchers oder Visitors wurde der Interessent während seiner Recherche so gelenkt, dass er bei uns auf der Webseite, Landingpage oder am Eingang des Verkaufsfunnels landet. Die Aufgabe hier ist es lediglich, die Erwartungen des Besuchers zu erfüllen, damit er zum nächsten Schritt übergeht, also vom Besucher zum Lead konvertiert. Wir müssen ihm also die Möglichkeit geben, etwas von uns zu bekommen und dann seine Koordinaten zu hinterlassen. Das kann die Anmeldung zu einem Webinar oder einer Checkliste sein oder auch die Einladung zum Gespräch. Es reicht nicht, lediglich zu einem Newsletter aufzurufen, denn niemand trägt sich freiwillig für einen weiteren Newsletter ein.

Lass uns also nochmals auf unsere Beispiele zurückkommen.

Martin hat bereits ein Problembewusstsein, und dieses wurde geschärft. Er ist auf deiner Seite gelandet, weil ihn die Artikel von dir im Netz überzeugt haben. Sobald er auf deine Seite kommt, gibst du ihm die Möglichkeit, sich über den

Blog noch mehr ins Thema zu vertiefen oder sich für ein Webinar oder kostenloses Erstgespräch anzumelden. Martin will etwas mehr Infos und meldet sich für das Webinar an.

Daniela hat das Quiz „Kopfschmerzfrei" absolviert und denkt, dass dieses Wissen über die Duftstoffe sie erlösen würde. Sie ist bereit, fast alles zu tun, um endlich ihre Schmerzen loszuwerden. Sie bucht sich also direkt für ein Gespräch ein, um sich beraten zu lassen, und konvertiert so vom Besucher zu einem Lead.

Victoria hat alles durchstöbert, was sie auf unserer Webseite finden konnte, und möchte noch etwas genauer verstehen, ob dieser Weg für sie etwas sein könnte. Bevor sie also in die Ausbildung investiert, möchte sie eine „Probefahrt" machen, und sie kauft sich ein kleineres Produkt: einen Fünf-Tages-Workshop. Dadurch, dass Victoria das Kennenlernprodukt gekauft hat, ist sie vom Besucher direkt zum Käufer konvertiert. Gleichzeitig bleibt sie ein Lead für das eigentliche Premiumprodukt.

Stufe 4: Lead – Kaufinteressent

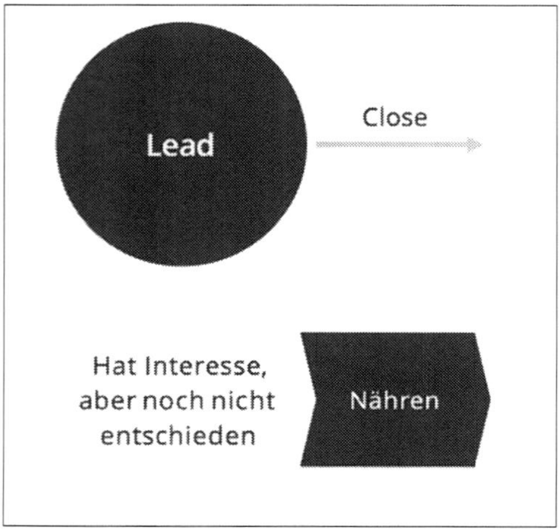

In dieser Stufe haben wir es mit einem echten Interessenten zu tun, der sich so weitläufig informiert hat, dass er jetzt für den Kauf bereit ist. Deine Aufgabe ist es nun, den Verkauf abzuwickeln. Bei kleineren Produkten (Preisrange 9.00 bis 999,00 EUR) kann dies direkt über einen automatisierten Verkaufsfunnel passieren. Es gibt Experten, die das für höhere Preise hinbekommen, das sind aber Vollprofis und Marketer. Für den Normalo würde ich mich an dieser Preisspanne orientieren. Bei grösseren Dienstleistungen über 1.000,00 EUR empfiehlt es sich, ein Beratungs- oder Verkaufsgespräch anzubieten, um dort den Verkauf abzuschliessen.

Deine Aufgabe ist es also, diese Gespräche zu führen. Ich empfehle allen meinen Kunden, die Gespräche zu Beginn selbst zu führen, bis man diesen Bereich delegiert. Online-Verkaufsgespräche darf man ebenso lernen und meistern wie alles andere auch.

Wenn dich dieser Bereich interessiert, darfst du dich gerne für ein Beratungsgespräch bei mir melden:
https://janainavonmoos.com/termin-buchen/

Stufe 5: Kunde und Aftersales

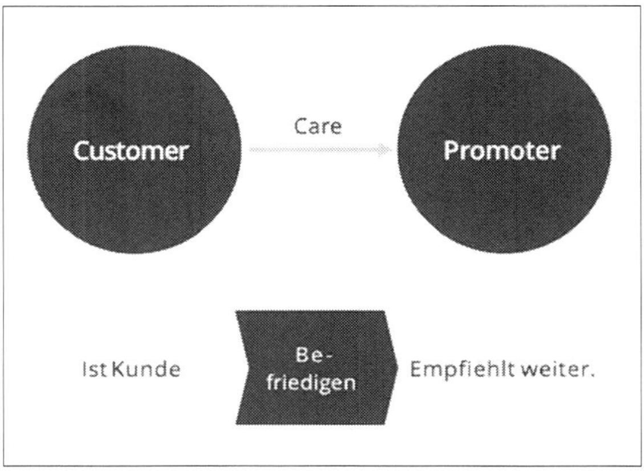

Kommen wir zurück zu unseren Beispielen.

Martin möchte seinen Bauchumfang reduzieren und hat wenig Zeit. Nach dem Webinar ist er überzeugt vom Konzept und bucht sich für ein Beratungsgespräch ein. Eigentlich ist er aber schon so weit überzeugt, dass er endlich loslegen will. Und genauso funktioniert Social Selling. Im Beratungsgespräch geht es nur noch um die Details. Wie viel Zeitaufwand es für Martin bedeutet und ob er das Programm gut in seinen Alltag integrieren kann. Sind die Rezepte einfach umzusetzen, gibt es keinen Jojo-Effekt, wenn er einmal in den Urlaub fährt? Im Idealfall wurden diese Fragen jedoch bereits im Webinar erklärt.

Martin sitzt im Beratungsgespräch, und nach 20 Minuten ist klar: Er wird Kunde. Schon sieht er seinem Ergebnis entgegen.

Daniela hat sich ebenfalls ein Beratungsgespräch gebucht und denkt sich während des Gesprächs: „Wenn ich durch diese Methode endlich Kopfschmerzfrei bin, würde das meine Lebensqualität drastisch steigern. Ich glaube, ich sollte es zumindest versuchen." Der Gedankengang ist abgeschlossen, und Daniela wird Kundin.

Victoria hat den Fünf-Tages-Workshop besucht und war von den Inhalten, der Art und Weise, wie das Wissen vermittelt wird, und der tollen Gruppe von gleichgesinnten Menschen, die auf diesem Weg sind, sehr begeistert. Für sie steht ausser Frage: „Das mache ich." Es kann sein, dass Victoria sich noch ein Gespräch bucht, um letzte Zweifel zu beseitigen. Vielleicht war jedoch das Kennenlernprodukt so überzeugend, dass sie direkt bucht und Kundin wird.

Du siehst es. Schritt für Schritt haben Martin, Daniela und Victoria die Informationen bekommen, die für sie relevant waren, um den nächsten Schritt auf ihrer Kundenreise zu machen. Social Selling zielt genau darauf ab. Doch hier passieren die häufigsten Fehler von Produktanbietern, die sofort mit der Tür ins Haus fallen wollen, weil sie ungeduldig sind. Gleichzeitig sehe ich es bei meinen Kunden immer wieder, dass sie den Prozess zwar verstehen, dass ihnen jedoch unklar ist, wie sie Interessenten zum nächsten Schritt bewegen.

Ein Interessent wird nun mal nicht direkt vom komplett heute noch Unbewussten (unknown) zum morgigen Käufer. Er braucht eben die Zeit, die er einfach braucht. Klar ist: Wenn du deine Marketingmassnahmen richtig aufsetzt, wirst du mittelfristig ein grösseres Umsatzvolumen erreichen.

An dieser Stelle ist der Weg aber noch nicht fertig. Viele Anbieter denken sich, dass sie nun den Kunden im Sack haben, und gehen davon aus, dass der Prozess nun abgeschlossen ist. Falsch. Hier dürfen wir noch an den Aftersales denken.

Martin startet mit seiner Ernährungsumstellung, und schon bald werden die Ergebnisse sichtbar. Ein Arbeitskollege spricht ihn an, was er gemacht hat, und er empfiehlt seinen Ernährungsberater weiter. Also wird Martin vom Kunden zum Empfehlungsgeber (Customer -> Promoter).

Daniela startet ebenfalls und sieht Veränderung. Sie kennt niemanden in ihrem Umfeld, der an dieser Problematik leidet, und kann daher nicht aktiv weiterempfehlen. An einem grösseren Fest kommt eine unbekannte Person auf sie zu und erklärt ihr, sie hätte über mehrere Ecken von ihrer Kopfschmerzfreiheit gehört. Sie leide selbst schon länger an Migräne und habe schon alles versucht und fragt daher Daniela, ob sie denke, dass das, was sie gemacht hätte, ihr auch helfen könnte. Daniela gibt die Webseitenadresse weiter, und die Unbekannte wird sich da umsehen und dadurch Visitor und später vielleicht tatsächlich Kundin. Daniela kann es aber nicht aktiv beeinflussen.

Victoria ist nun gestartet, und ihre Laune hat sich merklich verändert, sodass sie immer wieder von Arbeitskollegen angesprochen wird, was sie denn gemacht hätte. Sie erzählt es und begeistert einige, ebenfalls in den Workshop zu gehen. In der Ausbildung hat Victoria auch gelernt, dass sie für eine aktive Weiterempfehlung eine Empfehlungsprovision bekommt, und sie nutzt dazu ihren persönlichen Affiliate Link.

Du siehst, der Verkauf endet nicht mit dem Kunden. Die Nachbetreuung ist genauso wichtig. Es gibt verschiedene Wege, eine Kundenreise geschickt aufzubauen, und ich hoffe, diese drei Beispiele haben für dich verständlich gemacht, dass viele Wege nach Rom führen. Jedoch gilt es, sowohl Zielgruppe, Branche und Preissegment zu berücksichtigen. Wenn man das sauber ausgearbeitet hat, kann man sein Business skalieren.

Wenn du Fragen hast oder gerne Anregungen zu deiner Customer Journey hättest, kannst du dir gerne ein Gespräch mit mir und meinem Team buchen:
https://janainavonmoos.com/termin-buchen/

Wie du die Customer Journey mit Social Selling verbindest

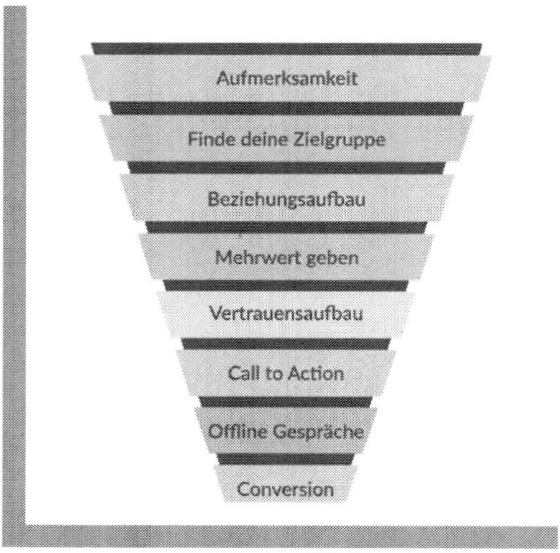

Du hast jetzt alles über die Kundenreise gelernt und darfst sie nun noch mit Social Selling verschmelzen. Du wirst staunen, wie einfach du Interessenten in zahlende Kunden verwandelst.

Aufmerksamkeit deiner Zielgruppe erwecken

Aufmerksamkeit kannst du auf drei Arten erwecken:

- über dein Profil,
- über deinen Content,
- über das Engagement in Gruppen.

Finde deine Zielgruppe

LinkedIn™ bietet die grossartige Möglichkeit, dass du über gezielte Suchfunktionen ganz genau deine Zielgruppe finden kannst.

Indem du oben auf die Suchleiste klickst, wird die Seite aktualisiert, und du hast verschiedene Auswahlfunktionen.

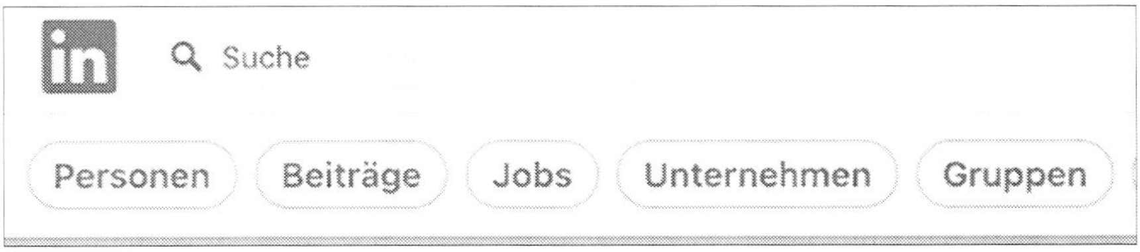

Du kannst im Suchfeld einen Begriff eingeben. Oder aber du gehst auf die Reiter und suchst spezifisch: zum Beispiel bewusst nach Personen, wenn du herausfinden willst, ob eine Person auf LinkedIn™ zu finden ist. Du kannst aktiv nach Jobs suchen oder nach Menschen, die bei einem spezifischen Unternehmen arbeiten. Genauso kannst du nach Hochschulen, Events und Services suchen. Du siehst, bereits mit den Tabs hast du sehr viele Möglichkeiten.

Wenn ich das jeweils meinen Kunden erkläre, sind sie total begeistert, wie zielgerichtet man Leute auf LinkedIn finden kann.

Wenn du auf „Alle Filter" klickst, öffnet sich ein Fenster mit sämtlichen Filtermöglichkeiten.

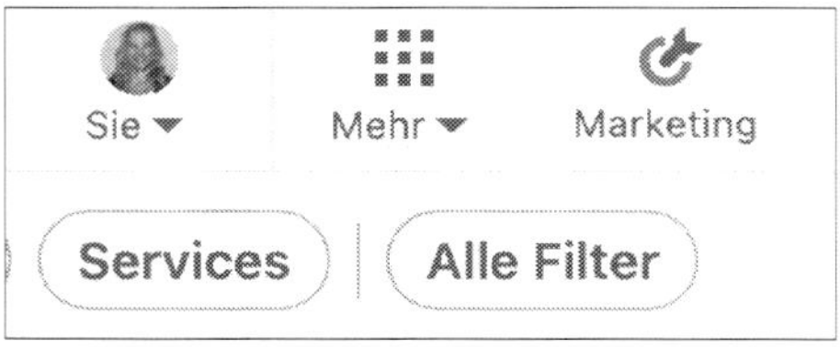

Hier gehst du auf die Auswahl und suchst beispielsweise alle Buchhalter in Luzern.

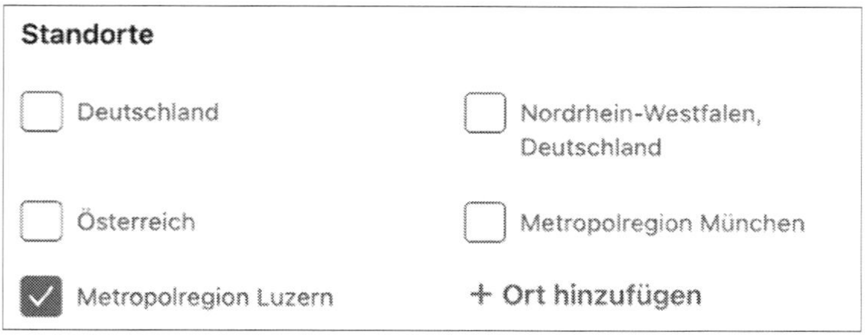

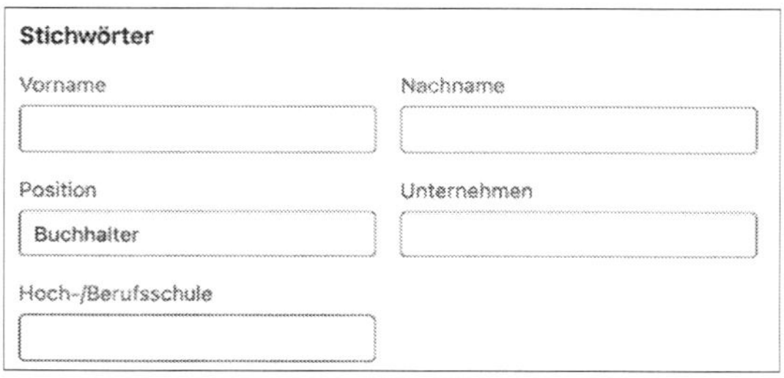

Aus diesen zwei Kombinationen ergaben sich bei meiner Suche insgesamt:

Es geht noch weiter.

Zielgruppe finden mit der Booleschen Suche

Ich bin mir sicher, dass dir das bekannt ist, wenn auch vielleicht nicht unter diesem Begriff. Es ist nichts anderes als eine strukturierte Suchanfrage, so wie du das auch von Google kennst, nämlich dass du Begriffe kombinieren kannst. Genauso funktioniert es auf LinkedIn™. Du kannst auch hier zwei Suchkriterien verbinden. Beispielsweise suchst du nach einer Person mit einem bestimmten Jobtitel; bleiben wir jetzt mal bei den Buchhaltern im Raum Luzern. Wenn diese beiden Kriterien erfüllt sein sollen, dann gibst du „Luzern und Buchhalter" ein; das machst du mit dem Wort UND.

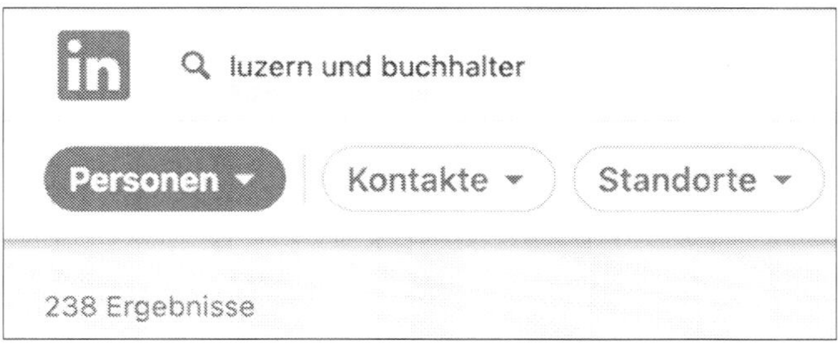

Du kannst aber auch sagen, dass du entweder jemanden aus Luzern möchtest oder einen Buchhalter. Dann machst du das mit dem Begriff ODER. Es ist möglich, dass die Suche auf Deutsch mit ODER nicht erkannt wird. Dann nimm einfach das englische Wort OR.

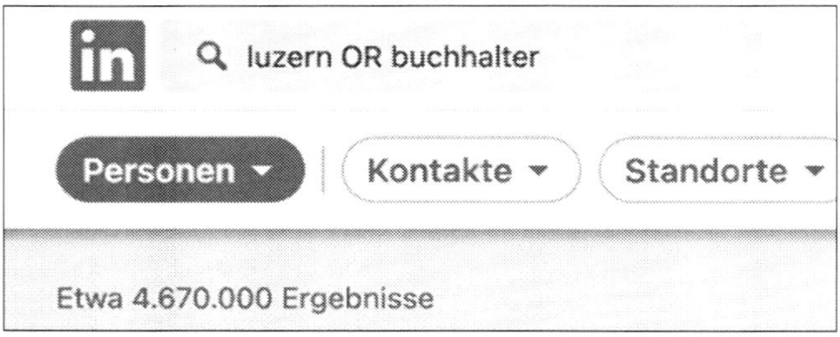

Du sagst zum Beispiel, dass du entweder einen Personaltrainer oder einen Ernährungsberater finden möchtest. Also gibst du „Personaltrainer oder Ernährungsberater" ein, und es wird dir die gezielte Suchanfrage ausgespielt.

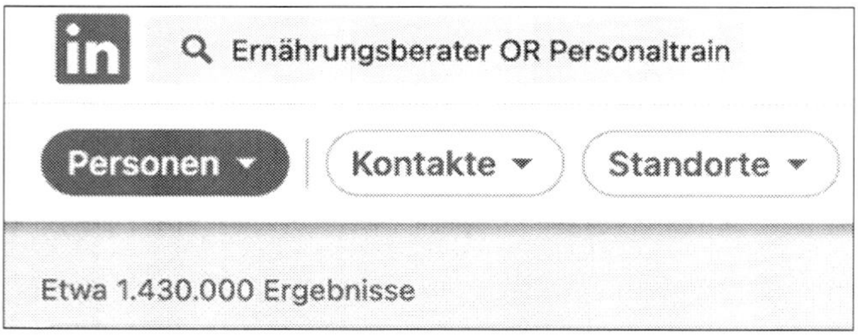

Du kannst aber auch Kriterien ausschliessen. Und zwar mit dem Wort NOT. Wenn du also nur Personaltrainer und keine Ernährungsberater angezeigt haben möchtest, machst du das mit dem Begriff NOT. Das sind Möglichkeiten, die dir bei deinen Suchanfragen viel Zeit ersparen, wenn du Ausschau hältst nach deinen Traumkunden und diesen wirklich gezielt folgst.

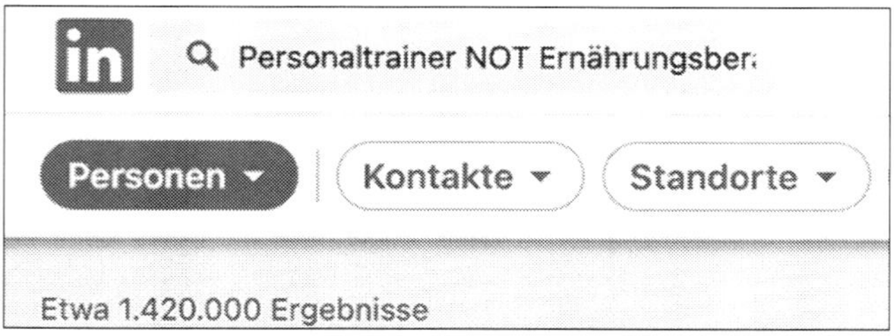

Wenn du hier zusätzlich noch einen Standort hinterlegst, um den Umkreis so einzuschränken, dass es für dein Einzugsgebiet relevant ist, fängt es an, richtig Spass zu machen.

Hier habe ich jetzt noch „Region Luzern" eingegeben, und schon zeigt sich ein relevantes Suchergebnis.

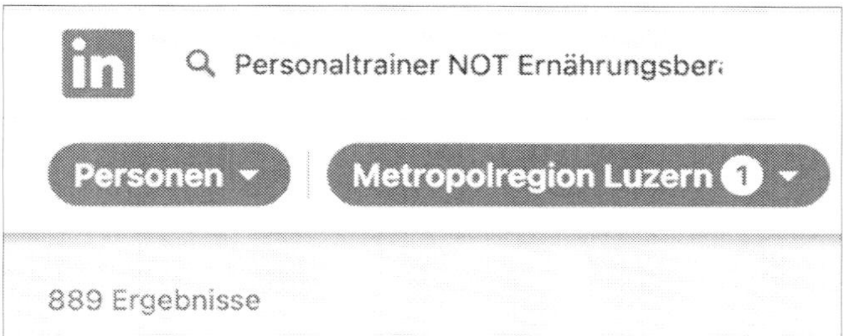

Das Beste an diesen Suchfunktionen ist, dass du diese komplett kostenlos nutzen kannst. Dafür brauchst du kein Premium, sondern gar nichts. Genial, oder?

Fünf Faktoren, die gemäss LinkedIn™-Studie zum Kauf führen[13]

1. Vertrauen

40 Prozent gaben Vertrauen zum Vertriebler im DACH-Raum als wichtigsten Faktor an, um einen Abschluss zu erzielen. Das heisst, beim LinkedIn™-Marketing und -Social Selling solltest du dich bewusst auf die Faktoren konzentrieren, welche Vertrauen erwecken und die Beziehung stärken. Genau das wirst du in den folgenden Kapiteln dieses Buches lernen.

2. Transformation

Der rasante Transformationsprozess hält an und 65 Prozent der Kunden sagen, dass Remote-Arbeit den Kaufprozess einfacher gemacht hat. Eine personalisierte Ansprache, auch über digitale Kanäle, ist gewünscht.

Virtual Selling ist also gekommen, um zu bleiben, und Vertriebsprofis sollten daher ausreichend Zeit in eine gründliche Recherche investieren und ihre Arbeitsweise in allen Aspekten den veränderten Anforderungen anpassen.

3. Marketing

Das richtige Marketing kann sowohl für die gesamte Organisation als auch für den einzelnen Vertriebler einen riesigen Wettbewerbsvorteil darstellen. Wichtig ist hierbei eine enge Zusammenarbeit zwischen dem Marketingteam und dem Vertrieb. Sie sollten Hand in Hand arbeiten. Top-Vertriebler geben an, dass sie eng mit dem Marketing zusammenarbeiten, um bessere Ergebnisse zu erzielen.

4. Technologie und Automatisierung

Ein Verkäufer, der LinkedIn™ und auch Social-Media-Marketing nutzt, will sich ganz klar auf die Technik, also die Plattform wie auch den Funnel dahinter, verlassen können. 96 Prozent der Verkäufer geben an, dass dies für den Verkaufsabschluss elementar wichtig sei. Während der Verhandlungsphase darf es nirgends zu einem Bruch in der Technik kommen.

5. Social Media

Man weiss aufgrund diverser Studien, Umfragen und Statistiken, dass Social Media heute in jeder Phase der Kaufentscheidung eine zentrale Rolle spielt. Es ist nicht nur ein beliebter Informations- und Unterhaltungskanal für die Käufer, nein, soziale Medien sind für Verkäufer genauso wichtig. Dabei gaben 83 Prozent an, dass LinkedIn™ ein wichtiger Kanal für ihre Aktivitäten sei.[13]

Du weisst nun, wie man Kunden findet. Also weiter geht es im Social-Selling-Prozess!

Beziehungsaufbau

Baue mit den Menschen eine Beziehung auf und passe deine Botschaften genau auf deine Traumkunden an. Dadurch entsteht eine ganz besondere Bindung und automatisch auch Vertrauen. Erst wenn die Menschen dir vertrauen, können sie überhaupt zu Kunden werden. Der Beziehungsaufbau wird beim B der ABC-Methode eingehend erläutert, und es ist wichtig, diesen Punkt sauber auszuführen. Punkt B entscheidet darüber, ob du eine Freundes- oder Kundenliste auf LinkedIn™ aufbaust. Das ist der kleine, aber feine Unterschied.

Mehrwert geben

Wie gebe ich Mehrwert? Das ist wohl eine der meistgestellten Fragen, die ich von meinen Kunden gestellt bekomme. Dafür gibt es tausend Möglichkeiten.

Ganz wichtig ist, dass du eine klare Content-Strategie hast, denn du willst nicht über alles reden. Diese erarbeite ich mit meinen Kunden immer als Basis, bevor sie mit Social Selling starten.

Wenn du Hilfe bei der Content-Strategie brauchst, darfst du dich gerne für ein Beratungsgespräch bei uns melden: https://janainavonmoos.com/termin-buchen/

Zum Start empfehle ich dir, mit relevantem Content zu starten.

1) Tipps, welche die Probleme deiner Zielgruppe lösen

https://www.linkedin.com/pulse/wie-man-auf-linkedin-den-text-fett-oder-kursiv-macht-janaina-von-moos/?originalSubdomain=de

https://www.linkedin.com/pulse/5-tipps-f%C3%BCr-den-perfekten-profilslogan-janaina-von-moos/

2) Schritt-für-Schritt Anleitungen

https://www.linkedin.com/pulse/14-schritte-f%C3%BCr-ein-erfolgreiches-online-business-janaina-von-moos/

3) Etwas Persönliches

- Dein Warum für dein Business
- Dein grösster Erfolg
- Deine grösste Herausforderung und wie du sie gemeistert hast
- Deine Geschichte

All diese Arten von Content geben Mehrwert und bauen zugleich Vertrauen zu dir und deiner Marke auf.

Wechsle die Formate deines Contents ab und spiele mit Text und Video.

Du darfst dich immer vor dem Posten fragen, ob dein Inhalt professionell, aufschlussreich, relevant, aktuell und unterhaltsam für die Leser ist. Wir sprechen hier von Infotainment, also einer Mischung aus Information und Entertainment. Ich wiederhole es hier bewusst noch einmal. An dieser Stelle herrscht keine Verkaufsorientierung. Deine Postings sollen lediglich auf deine Expertise einzahlen und den Vertrauensaufbau fördern.

In diversen Statistiken zeigt es sich immer wieder, dass 80 Prozent der potenziellen Käufer im Vergleich zu potenziellen Mitbewerbern einen stärkeren Bezug zur Marke oder Person haben, nachdem dort für sie relevante Inhalte gefunden wurden.

Habe also keine Scheu, auch mal einen Beitrag von jemand anderem zu teilen. Dies zeigt Grösse und erweitert gleichzeitig dein Netzwerk.

Vertrauensaufbau

Je mehr Menschen über dich ergoogeln, also herausfinden können, sprich je transparenter du bist, desto einfacher ist es für den Interessenten, Vertrauen zu dir aufzubauen. Du signalisierst ihm, dass du nichts zu verbergen hast. Mir wird beispielsweise nachgesagt, dass ich sehr nahbar bin. Das kommt daher, weil ich in meinem Content auch mal Tacheles spreche. Gib einfach *Es wird dich niemand retten* oben im Suchfeld ein, wenn du den ganzen Beitrag lesen möchtest.

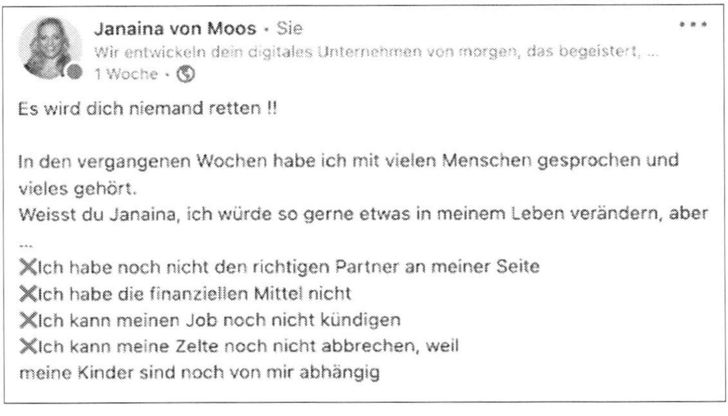
Janaina von Moos • Sie
Wir entwickeln dein digitales Unternehmen von morgen, das begeistert, ...
1 Woche •

Es wird dich niemand retten !!

In den vergangenen Wochen habe ich mit vielen Menschen gesprochen und vieles gehört.
Weisst du Janaina, ich würde so gerne etwas in meinem Leben verändern, aber ...
❌Ich habe noch nicht den richtigen Partner an meiner Seite
❌Ich habe die finanziellen Mittel nicht
❌Ich kann meinen Job noch nicht kündigen
❌Ich kann meine Zelte noch nicht abbrechen, weil meine Kinder sind noch von mir abhängig

Call to Action

Hier geht es darum, eine Handlungsaufforderung auszusprechen. Viele machen den Fehler, dort bereits auf den Verkauf abzuzielen. Das empfehle ich nicht. Du erinnerst dich an das vorangegangene Kapitel der Kundenreise, an dieser Stelle möchten wir mit der Handlungsaufforderung lediglich zum nächsten Schritt aufrufen.

Beispiel:

- Hol dir hier die Checkliste
- Melde dich für das Webinar an
- Buche dir ein Kennenlerngespräch

Du hast sicherlich gemerkt, dass dieser Schritt dazu führt, dass die Person zu einem Lead in der Kundenreise wird.

Offline-Gespräch

Im Social-Selling-Ansatz sprechen wir von Offline-Gesprächen. Das heisst nicht wörtlich, dass wir uns physisch treffen, sondern einfach ausserhalb von LinkedIn™, also uns via Telefon oder Videokonferenz unterhalten. Das kann ein lockerer virtueller Kaffeeplausch sein, aber auch ein Beratungs- und/oder Verkaufsgespräch.

Conversion

Wurden all diese Schritte sowie die Reihenfolge eingehalten, führt dies nun zu einer Conversion, und du hast einen neuen Kunden. So einfach geht das.

Kurz zusammengefasst nochmals die vier Vorteile von Social Selling:

1. Reduzierte Anzahl an Kaltakquise

2. Einfache Möglichkeit, mit deiner Zielgruppe in Dialog zu treten
3. Kein klassischer Abschlussdruck mehr
4. Nachhaltiger Ansatz, der langfristig Kunden mit einer höheren Abschlussquote bringt

Kennst du deinen Social-Selling-Index, deinen SSI?

Mit dem Social-Selling-Index kannst du deinen Verkaufserfolg messen und schauen, wie erfolgreich dein Profil im gesamten Netzwerk ist und wie gut es ankommt. Der SSI zeigt dir genau an, wie du dich als Person auf LinkedIn™ verkaufst. Die errechneten Werte zeigen ganz klar, wie deine Aktivitäten ankommen und wie gut deine aufgebauten Beziehungen funktionieren. Durch meine langjährige Erfahrung im organischen Social-Media-Marketing weiss ich, wie wichtig es ist, diese Zahlen zu kennen und sie auszuwerten. Dadurch erhältst du klare Richtlinien darüber, was deine Kunden brauchen und was auf dem Markt gerade gewünscht wird.

Für die Auswertung dieser Zahlen gibt es wichtige Parameter.

1. Wie stark ist deine Marke etabliert?
2. Wie findest du anhand der Suchfunktion die richtigen Personen?
3. Wie wirst du selbst gefunden?
4. Wie relevant ist dein Content und interagierst du mit den richtigen Menschen?

Die Auswertung dieser Zahlen geht von 0 bis 100, wobei der höchste erreichbare Wert 100 ist. Werte zwischen 60 und 80 gehören zu den Top-Rankings im Social-Selling-Index. Du kannst beruhigt sein, denn auf die errechneten Ergebnisse hast nur du allein Zugriff. Die kann sonst niemand sehen.

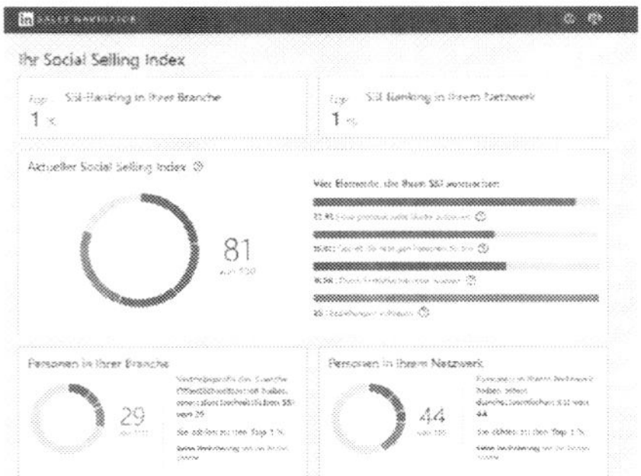

Du hast Social Selling in der Theorie verstanden und möchtest es jetzt massgeschneidert für dich und dein Angebot ausarbeiten? Dann buch dir hier einen Kennenlerntermin:
https://janainavonmoos.com/termin-buchen/

XING versus Linkedin™

Auch wenn sich die beiden Programme in Oberfläche wie Funktion ähneln und beide ursprünglich berufliche Netzwerke sind, gestalten sich LinkedIn™ und XING wie Tag und Nacht! XING mit LinkedIn™ vergleichen zu wollen, ist ungefähr so, wie Äpfel mit Birnen zu vergleichen. Denn: XING bleibt deutschsprachig, LinkedIn™ ist international, was sich auf folgende Weise zeigt:

- Du kannst Deutsch, Englisch, Französisch, einfach alle bei LinkedIn™ verfügbaren Sprachen nutzen.
- Du kannst dein Profil zweisprachig gestalten.
- Deshalb wächst LinkedIn™ gerade in der DACH-Region so stark!

Das heisst für die Fortgeschrittenen, welche bereits ein Profil haben: Vielleicht magst du noch eines in anderer Sprache, vielleicht in Englisch, anlegen?

So radikal voneinander abgrenzen lassen sich die beiden Netzwerke übrigens schon lange nicht mehr. Es gibt in diesem Fall nämlich kein Entweder-oder, sondern beide!

Vorab ein kurzer Grössenvergleich:

XING hatte im ersten Quartal 2022 rund 20,7 Millionen Mitglieder im DACH-Raum. [14]

LinkedIn™ hat in der gleichen Region über 18 Millionen Mitglieder [15] und liegt damit nahezu gleichauf. Weltweit bleibt XING allerdings mit ca. 610 Millionen Mitgliedern die ungeschlagene Nummer Eins der Business-Plattformen. Doch alleine die Tatsache, dass Microsoft am 13. Juni 2016 für LinkedIn™ ein Angebot für eine Übernahme zum Kaufpreis von 26,2 Milliarden US-Dollar abgab, sollte bei dir einige Glocken klingeln lassen.[16]

Was können beide Plattformen im Business-Bereich besonders gut?

1. Austausch mit Geschäftskontakten

Vernetzen und kommunizieren ist bei beiden Plattformen enorm einfach und intuitiv.

Da LinkedIn™ eine amerikanische Plattform ist, erscheinen Tonalität und Kommunikation viel direkter. Oft erlebe ich bei XING, dass auf Deutsch formell per SIE kommuniziert wird. Heisst im Klartext: Bei LinkedIn™ ist es viel leichter, Kontakte zu knüpfen. Was mit der entsprechenden technischen Umgebung und der offeneren Kultur zusammenhängt, auf die ich im späteren Verlauf eingehen werde.

2. Expertenstatus festigen

Im Gegensatz zu XING bietet LinkedIn™ die Funktion, eigene Artikel zu publizieren. Diese Funktion gab es auch einmal bei XING, sie wurde allerdings eingestellt.

Bei LinkedIn™ kannst du neben Status-Updates auch ausführliche Artikel schreiben. Somit steht dir ein weiterer

Kanal für Content-Marketing zur Verfügung, um Fachbeiträge in einem angesehenen Business-Netzwerk zu veröffentlichen. Wichtig: Arbeite hier Keyword-optimiert.

+ zwei weitere Features, welche XING nicht bietet:

Du kannst Mitglieder taggen und Hashtags setzen. Themen, auf die wir später eingehen.

3. Verschiedene Anzeigenformate nutzen

Das Spektrum von Anzeigenschaltungen ist bei LinkedIn™ breiter als bei XING.

Ob Sponsored Content, Sponsored InMail, Text Ads, Dynamic Ads, Programmatic Display Ads oder Elevate, LinkedIn™ bietet einfach die grössere Auswahl.

XING führt ähnliche Produkte, welche aber komplizierter zu erreichen sind.

Fazit: Werbeanzeigen lassen sich mit LinkedIn™ vielfältiger und genauer erstellen.

4. Referenzen erstellen

Zusätzlich zu echten Referenzen können auf LinkedIn™ deine Kenntnisse und Kompetenzen von Kontakten bestätigt werden. Übrigens: Anders als im deutschsprachigen Raum, wo deutlich mehr Wert auf formale Zeugnisse gelegt wird, haben diese Bestätigungen und Referenzen gerade im angloamerikanischen Raum bei der Jobsuche eine hohe Bedeutung.

5. LinkedIn™-Learning

Diese Online-Trainings müssen zwar im Monatsabo dazugebucht werden, jedoch gibt es in allen Businessbereichen Online-Kurse. Somit ist LinkedIn™ eine massive Plattform, um dich weiterzubilden, und sie bietet viele kostenlose Möglichkeiten.

Und wie sieht es mit XING aus?

1. Schwerpunkt im D-A-CH-Raum

Der Platzhirsch in der DACH-Region ist und bleibt XING. Wenn du im deutschsprachigen Raum unternehmerisch tätig bist, sind Aktivitäten bei XING einfach ein Muss. Dazu gehört im Mindesten, sich ein Profil anzulegen.

2. Aktive Teilnahme in Gruppen

Es ist nicht so, dass es bei XING keinen Austausch unter den Mitgliedern gibt. Dieser findet nur hauptsächlich in den Gruppen statt. Zwar gibt es bei LinkedIn™ ebenfalls Gruppen, allerdings sind die meisten davon nach wie vor englischsprachig und international ausgerichtet. Der Austausch in diesen Gruppen bringt dir den Expertenstatus, und dadurch ziehst du neue Kunden an. Natürlich kannst du deine eigene Gruppe gründen und dir eine eigene Community aufbauen.

3. Events mitbekommen und teilnehmen

LinkedIn™ bietet als neues Feature ebenfalls Events an, was lange Zeit der USP bei XING war. In der Praxis ist es aber oft so, dass Events bei XING inseriert und entsprechende Plätze dort gebucht werden.

Das ist eine grosse Stärke von XING: die organische Einbettung von Event-Einladungen sowie die unkomplizierte Ticketbuchung inklusive Bezahlung. Wenn du also eine Veranstaltung in der D-A-CH-Region anbietest, empfehle ich dir, diese zuerst bei XING zu promoten und erst im zweiten Schritt bei LinkedIn™.

Wie du siehst, gibt es also nicht DIE EINE Plattform, sondern du darfst schauen, was für dich und dein Business am besten passt.

Übrigens:

Kurz vor Veröffentlichung dieses Buches vermeldete XING das Ende von Gruppen und der Eventfunktion per Januar 2023. Diese dienen nicht weiter dem Fokus des Unternehmens, wie XING im August 2022 vermeldete. Anscheinend sollen künftig „Angebote rund um die berufliche Orientierung" weiterentwickelt werden, unter anderem ein neues E-Learning-Angebot.[17]

Preise

Als *aktiver* XING-Nutzer kommt man um die Ausgabe eines XING-Premium-Profils kaum herum. Andernfalls ist der Nutzwert deutlich eingeschränkt, zum Beispiel, was die Suche, die Kontaktmöglichkeiten und die Ansicht von Profilbesuchern angeht.

Bei LinkedIn™ reicht in der Regel für Kommunikation und Social Media Poweruser eine kostenfreie Basismitgliedschaft aus. Premium-Mitgliedschaften sind zudem je nach Art deutlich teurer als bei XING. Auf die Preise gehe ich hier nicht im Detail ein, weil die Pakete ständig angepasst werden. Zudem ist es ein Unterschied, ob du lediglich Premium oder zusätzlich Recruitment und Talent Solutions für dich abonnieren möchtest.

Tipp: Geh einfach bei den Plattformen auf Abonnements, Preise oder Premium und schau dir die Angebote an. Bei Unsicherheiten, welches Paket zu dir und deinen Bedürfnissen passt, hilft dir der Support der Plattform immer gerne weiter.

Keine zweite Chance für den ersten Eindruck – die sechs wichtigsten Abschnitte in deinem Profil

Es gibt keine zweite Chance für den ersten Eindruck, das ist auch bei LinkedIn™ so. Bevor du also loslegen und LinkedIn™ für dich zur Leadgenerierung nutzen kannst, gilt es einige Optimierungen vorzunehmen. Dazu darfst du dir ein paar ehrliche Fragen stellen:

- Ist dein Profil einladend, so wie es heute ist?
- Würdest du selbst eine Anfrage von jemandem mit einem Profil wie deinem annehmen?
- Ist dein Profil vollständig?

Solltest du alle Fragen mit Ja beantwortet haben, kannst du dieses Kapitel gerne überspringen und dich meinen weiteren Tipps zuwenden. Wenn du aber denkst: „Uupps, es könnte besser sein", dann lass uns sofort in die Umsetzung gehen.

Wie so oft im Leben entscheidet als Erstes die Optik. Das heisst, du bekommst von deinem Gegenüber nur wenige Sekunden an Aufmerksamkeit, um ihn oder sie zu überzeugen. In den ersten sieben Sekunden wird sich niemand mit deinem Charakter, Fachwissen oder deiner Kompetenz auseinandersetzen, sondern lediglich unbewusst und aufgrund oberflächlicher Kriterien entscheiden, ob es lohnenswert ist, sich länger mit dir zu befassen, oder direkt weiter zu scrollen. Ähnlich verhält es sich, wenn du dich bewirbst und gegen hundert andere Bewerber durchsetzen musst. Nur ist es bei LinkedIn™ so, dass es eben nicht nur hundert, sondern unter Umständen eher Tausende sind. Das alles bei einer gleichzeitig sinkenden Aufmerksamkeitsspanne von Internet-Usern.

Tipp: Behandle dein LinkedIn™-Profil nicht wie einen Online-Lebenslauf, sondern eher wie eine Landingpage. Keine Sorge, darauf gehen wir noch vertiefend ein.

Warum dein Profil einzigartig sein muss, wenn du verkaufen willst

Wenn du auf LinkedIn™ nicht nur Follower sammeln, sondern eben auch zahlende Kunden finden möchtest, ist es unerlässlich, dein Profil vollständig zu nutzen.

Es ist das Profil, welches in erster Linie darüber entscheidet, ob dein Gegenüber überhaupt gewillt ist, in einen tieferen Dialog mit dir einzusteigen.

Dein LinkedIn™-Profil ist

- deine Visitenkarte im Netz,
- dein Online-Verkaufsschaufenster,
- dein Vertrauensbooster,
- dein Umsatzbeschleuniger.

Gleichzeitig kann dein LinkedIn™ Profil

- deinen Expertenstatus stärken,
- den Aufbau von Geschäftsbeziehungen erleichtern,
- organischen Traffic für deine Webseite generieren,
- Profilbesucher und Leads anziehen (ebenfalls organisch)

In den folgenden Abschnitten sorgen wir dafür, dass dein LinkedIn™-Profil professionell überarbeitet wird und du mit deiner Personenmarke im Netz glänzt.

Jetzt kommt bei dir vielleicht die Frage auf, was Personal Branding oder eine Personenmarke überhaupt ist. Gerne teile ich mit dir die Definition dazu. Ich kann dir aber jetzt schon eines verraten: Am Ende dieses Buches hast du den optischen Grundstein für deine Personenmarke gelegt.

Doch wie zahlt ein LinkedIn™-Profil auf deine Personenmarke ein?

Die wesentlichen Aufgaben deines LinkedIn™-Profils:

Stärkung deines Expertenstatus

Dein persönliches LinkedIn™ -Profil muss deine Fachkompetenz und dein Wissen unterstreichen sowie nach aussen Glaubwürdigkeit bei dir noch fremden Menschen ausstrahlen. Der Profilbesucher muss sofort erkennen, dass du seriös und glaubwürdig und für ihn die richtige Ansprechperson bist.

Erleichterter Aufbau von Geschäftsbeziehungen durch Vertrauen

Ganz ehrlich, niemand interessiert sich für dein Business oder Angebot. Es sei denn, du machst glaubhaft, dass du mit deinem Ansatz ein ernsthaftes Anliegen oder Problem löst. Das heisst, du musst einem Interessenten sofort beantworten, was er davon hat, mit dir in Kontakt zu sein und wie du sein Problem lösen kannst. Es ist wichtig, diese Frage bereits im ersten Drittel des Profils zu beantworten. Stelle also sicher, dass dies bei deinem Profil so ist. Keine Sorge, wir gehen darauf noch tiefer ein.

Generierung von organischem Traffic

Endziel eines jeden LinkedIn™-Profils beziehungsweise einer Personenmarke ist der Aufbau von Vertrauen und Engagement der Community, bis sich dadurch steigender organischer Traffic ergibt.

Darum ist es wichtig, dich aktiv zu vernetzen, die Community zu inspirieren, sie mit Mehrwert zu füttern und Lösungsansätze zu zeigen, die deinen Interessenten tatsächlich weiterhelfen.

Eine technische Optimierung ist durch sogenannte Keywords möglich. Täglich suchen Menschen nach einem Angebot wie deinem, was dir jedoch wenig bis gar nichts bringt, wenn du nicht gefunden wirst. Es ist genauso verheerend, dein LinkedIn™-Profil nicht auf Keywords zu optimieren, wie auf Google erst nach der ersten Seite zu erscheinen.

1. Profil- und Titelbild

Dein Profilfoto und dein Titelbild sind enorm wichtige Faktoren, um Vertrauen zu schaffen und glaubwürdig zu wirken. So wage ich die Behauptung, dass sie dafür dein mächtigstes Werkzeug sind. Wie bereits erwähnt, hast du dafür maximal sieben Sekunden zur Verfügung. Du weisst selbst, ein Bild sagt mehr als tausend Worte; daher achte ganz besonders auf ein professionelles Profilbild und erhöhe dadurch die Chance, gesehen und wahrgenommen zu werden. Deine Traumkunden entscheiden innerhalb von drei Sekunden oder weniger, ob sie von dir beeindruckt sind oder direkt weiter scrollen.

Profilbild:

Wir Menschen sind seit jeher visuelle Wesen und im Zeitalter von Social Media mehr denn je auf die visuelle Wahrnehmung konditioniert. LinkedIn™-Profile ohne Bild werden mehr als zehn Mal weniger besucht als eines mit. Wenn das Profil dennoch angeklickt wird, verlassen die Besucher die Seite im Durchschnitt bereits nach vier Sekunden. Das heisst, der Besucher schenkt einem unvollständig gepflegten Profil nicht mal sieben Sekunden seiner Aufmerksamkeit. Das alleine sollte schon für ein Profilbild sprechen.

Jetzt drängt sich natürlich sofort die Frage auf, worauf es beim Profilbild zu achten gilt.

- Verwende ein aktuelles Foto, von dem du gewillt bist, es mindestens ein Jahr lang zu nutzen.
- Dein Gesicht sollte mindestens 60 Prozent des Bildes einnehmen, gänzlich erkennbar sein sowie darauf keinen Schatten haben.
- Trage Kleider, die auf deine Personenmarke und das Image einzahlen (keine Spaghettiträger).
- Das Bild kann eine persönliche Note beinhalten, solange es professionell ist.
- Die Bildgrösse darf maximal 4 MB haben.
- Das Format ist 400 x 400 Pixel.

Dein Titelbild soll eine Geschichte vermitteln und etwas darüber erzählen, wer du bist und was du tust, sowie auf den ersten Blick erkennbar sein.

Banner:

Der Banner, auch Headerbild genannt, ist das Element, welches auf der Desktopversion von LinkedIn™ zuerst erkannt wird, weshalb dieser Abschnitt so wichtig ist. Er nimmt auf einem Desktop gut einen Drittel der Seite ein und ist dazu da, Aufmerksamkeit zu erwecken, also ein Stopper. Mit Stopper ist gemeint, dass es dazu dient, nicht direkt weg zu scrollen. Bei den über 1500 Social-Media-Checks, die ich durchgeführt habe, nutzten 90 Prozent keine Banner. Das war also das Erste, was wir jeweils optimierten. Mittlerweile fand hier Veränderung statt, jedoch sehe ich immer noch täglich Menschen auf LinkedIn™, die diese Funktion ungenutzt lassen. Denk daran, der Banner ist dein Schaufenster, in welchem du dem Leser und potenziellen Interessenten sofort vermitteln kannst, was er davon hat, mit dir in den Dialog zu kommen.

Du kannst es als kostenlose Werbefläche für dich und dein Unternehmen nutzen. Wenn du es für dein Unternehmen verwendest, sollten auf den ersten Blick alle deine Kontaktangaben und dein Slogan ins Auge stechen. Jeder, der dein Profil aufruft, muss sofort erkennen, wie er mit dir Kontakt aufnehmen kann, was du anbietest und wofür du stehst. Du kannst hier auch dein Logo mit einbauen oder auf andere Plattformen verweisen, auf denen du zu finden bist. Bist du in einem Unternehmen angestellt, würde ich mich beim Management oder in der Personalabteilung erkundigen, ob es eine Vorlage mit Corporate Identity gibt, die du verwenden kannst. Moderne Unternehmen haben mittlerweile mehrere unterschiedliche Banner, die sie den Mitarbeitern zur Verfügung stellen, weil auch diese Konzerne verstanden haben, dass es sich hierbei um eine ideale Werbefläche handelt.

Einer der grössten Fehler, den du auf LinkedIn™ machen kannst, ist der, deinen Banner nicht oder nicht ideal zu nutzen.

Checkliste für einen guten Banner:

- Aussagekräftiger Text oder Slogan (Leser muss sofort erkennen, worum es geht)
- Integriere für den Wiedererkennungswert ein Bild vom Angebot oder von dir. Abhängig davon, wo du den Kunden in der Customer Journey abholst, eignet sich das eine oder andere besser.
- Setze eine persönliche Note, #traudicheinzigartig
- Füge einen CTA hinzu
- Format 1536 x 396 Pixel (Änderung vorbehalten)
- Max. 4 MB

Beispiele:

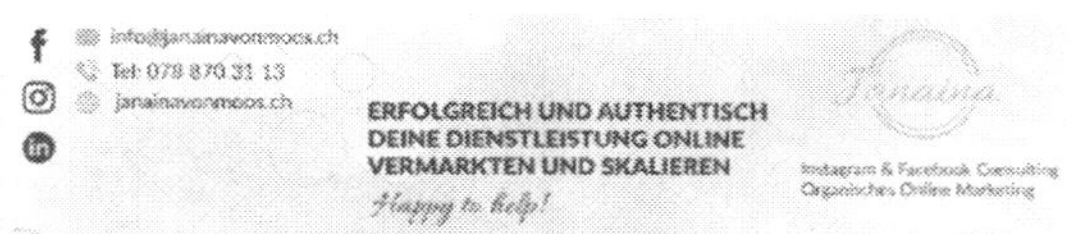

Persönlich mag ich die Version mit einem Bild von dir lieber. Insbesondere dann, wenn du eine Personenmarke bist und dein Business von dir lebt. Die Kontaktangaben einzufügen, empfehle ich dir absolut. Gerade als Frau dürfen wir signalisieren, dass es okay ist, uns zu kontaktieren. Viele Männer sind nämlich mittlerweile sehr vorsichtig geworden, wenn es um das Ansprechen von Frauen geht, auch wenn es rein für das Business ist. Stelle hier also sicher, dass es kein Problem für dich ist, kontaktiert und angeschrieben zu werden. Bei Titelbildern mit meinen Koordinaten darauf hatte ich immer mehr Kundenanfragen, als wenn ich diese wegliess.

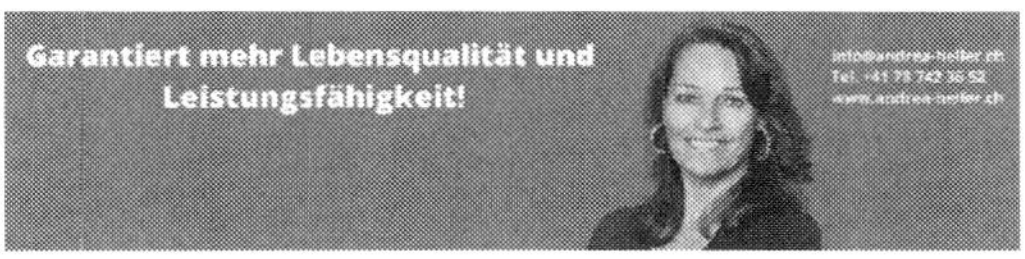

Du solltest in deinem Titelbild einen Wiedererkennungswert schaffen. Hier empfehle ich dir, mit deiner Corporate Identity, also in deinen Schriften und Farben, zu arbeiten.

Selbstverständlich hat LinkedIn™ auch Standardbilder, die du nutzen kannst. Wenn du aber dabei bist, dir eine starke Personenmarke aufzubauen, würde ich davon absehen. Auch hier kannst du mit deiner Einzigartigkeit punkten.

Ein Banner lässt sich einfach auf Canva.com, crello.com oder stencil.com erstellen. Solltest du grafisch nicht so bewandert sein, frag einfach bei www.thedigitalacademy.ch nach. Wir haben dort Online-Management-Assistentinnen, die das ruck, zuck für dich erledigen.

Was haben alle Banner hier gemeinsam?

Du erkennst sofort, also auf den ersten Blick, worum es geht. Ebenfalls generiert es innerhalb der ersten Sekunden die gewünschte Aufmerksamkeit.

Hinweis: Bitte beachte, dass diese Banner Beispiele unterschiedlicher Ansprachen in der Customer Journey sind und jeweils mit den Kunden massgeschneidert erarbeitet wurden. Solltest du unsicher sein, zu welchem Zeitpunkt du deine Kunden bevorzugt ansprichst, kannst du dir gerne ein Beratungsgespräch mit meinem Team buchen:
https://janainavonmoos.com/termin-buchen/

2. Dein perfekter Profilslogan

Will man sein LinkedIn™-Profil optimal gestalten, ist man oft darauf bedacht, einen lückenlosen Lebenslauf zu präsentieren und die eigenen Stärken in den Vordergrund zu stellen. Der Text, den man im Profilslogan unterbringen kann, bleibt dabei gerne mal auf der Strecke, und so wird dieses Feld leider oft nur unzureichend oder gar nicht befüllt. Dabei stehen die wichtigsten Zeilen in deinem Profil direkt unter deinem Namen, denn der Profilslogan beinhaltet die allerersten Zeilen, welche potenzielle Kunden von dir sehen. Nach dem Blick auf dein Profilfoto stossen Besucher direkt auf diese Einleitung, und der Profilslogan gilt als einer der wichtigsten Faktoren im LinkedIn™-Ranking.

Du hast aktuell 220 Zeichen, **NICHT Wörter**, zur Verfügung, um die Aufmerksamkeit des Profilbesuchers zu erregen und diesen dazu zu bringen, deine Verbindungsanfrage zu akzeptieren oder dein gesamtes Profil zu betrachten. Nutze diese also unbedingt sinnvoll und wähle hier passende Worte und Sprüche, die Besuchern deines Profils ins Auge stechen, in Erinnerung bleiben und sofortiges Vertrauen aufbauen. Verwende unbedingt einen knackigen Slogan, der Interesse weckt und dazu animiert, sich dein Profil genauer anzusehen, und charmant beschreibt, was du anbietest. Vermeide Ich-fokussierte Headlines mit Sätzen wie „Ich berate Trainer, Berater, Coaches, Neukunden usw."; das spricht niemanden an. Ganz im Gegenteil, der Leser denkt sich: „Na und, was habe ich davon?" Gestalte deine Headline, den Slogan, so treffend, dass dein Gegenüber sofort weiss, wobei du ihm helfen kannst. Für ihn muss sofort erkennbar sein, dass du die richtige Person für seinen Schmerzpunkt bist.

Ich habe dir fünf Tipps zusammengetragen, wie du deinen Profilslogan ansprechend gestaltest:

1. Nutze diesen prominenten Platz unbedingt aus

Hier ist der beste Werbeplatz für handfeste Infos, in denen dein Besucher auf den ersten Blick erkennt, worum es bei dir geht. Du kannst dich in wenigen Zeilen von deiner besten Seite zeigen und Interesse beim Besucher wecken. Stelle dir aus Besuchersicht die Fragen, was relevant und interessant ist. Was würdest du gerne von der Person, dessen Profil du besuchst, auf Anhieb erfahren wollen?

Ist das wirklich die Berufsbezeichnung oder vielleicht eher, welchen Mehrwert du erwarten kannst? Ich würde ja behaupten, Letzteres. ;)

2. Keep it short and simple

Formuliere kurze, einfach zu verstehende Sätze. Je einfacher dein Satzbau, desto leichter fällt es deinem Besucher zu verstehen, was du machst. Folgende Punkte könntest du dabei aufgreifen:

- Was ist dein Werteversprechen?
- Was ist der Vorteil, dir zu folgen / mit dir zusammenzuarbeiten?
- Für wen ist dein Angebot geeignet?
- Welche Unique Selling Position, USP, bietest du?

3. Die Sache mit den Emojis

Generell gilt es, auf LinkedIn™ mit dem Verwenden von Emojis sehr sparsam umzugehen. Bei mir gehören Emojis zu meinem Brand, und ich benutze sie auch. Ich bin mir sicher, dass mich Leute allein wegen meiner Emojis wiedererkennen. Ebenfalls können Emojis dabei helfen, den Text zu strukturieren und ihm mehr Persönlichkeit einzuhauchen. ABER: Übertreibe es nicht.

Folgende Punkte solltest du dir zu Herzen nehmen:

- Emojis müssen zur Marke passen.
- Lege einige wenige Emojis fest, die du auch in Zukunft kontinuierlich verwendest.
- Verwende sie nicht inflationär. Weniger ist mehr.
- Achte auf ein ästhetisches Erscheinungsbild.
- Kunterbunt ist nicht ratsam.
- Halte deinen Profilslogan clean und on point.

4. Dein Slogan sollte dich widerspiegeln

Deine Werte und die Tonalität sollten wirklich dir entsprechen. Dazu zählt es auch, einen eigenen Text zu formulieren. Klar darfst du dich von anderen Profilen inspirieren lassen, aber wenn du der 89. bist, der schreibt, dass er seine Klienten in die finanzielle Freiheit begleiten will, geht deine Botschaft schlicht unter. Werde also kreativ und kreiere deinen eigenen Slogan, der nicht im Einheitsbrei und den Kopien von anderen untergeht.

Überlege dir, wie zum Beispiel die Ergebnisse einer Zusammenarbeit mit dir aussehen oder welches Werteversprechen du deinen Followern geben kannst. Was ist der Unternehmenskern?

5. Integriere relevante Keywords in den Slogan

Versetze dich in die Lage deiner Zielgruppe. Wonach suchen die Leute? Was sind relevante Keywords? Für welches Problem suchen sie eine Lösung? Und gibt es Möglichkeiten, sich dabei trotzdem von anderen zu differenzieren?

Viele suchen auf LinkedIn™ nach Experten in bestimmten Bereichen. Jetzt ist es natürlich fraglich, ob man sich selbst als Experten darstellen möchte. Diesen Status verleihen einem bestenfalls andere und nicht man selbst. Andererseits möchte man gefunden werden, und wenn man wirklich gut ist auf seinem Gebiet, darf man sich das auf die Fahne schreiben. Diese Entscheidung musst du also für dich selbst treffen. So oder so: Wenn du diese Tipps für dich berücksichtigst, wird dir dein Profilslogan zu wertvollen und wunderbaren Kontakten verhelfen.

Keyword-orientierter Slogan:

> Janaina von Moos
> Ich berate Trainer/Berater/Coaches Neukunden über Social Media zu gewinnen I janainavonmoos.com

Kunden-orientierer Slogan:

> Janaina von Moos
> Würdest du gerne monatlich 20-30 Leads organisch für deine Dienstleistung gewinnen? I janainavonmoos.com

Im Kapitel „Die ABC-Methode“ wird darauf noch detaillierter eingegangen. Hier nur eine kurze Grafik zur Übersicht.

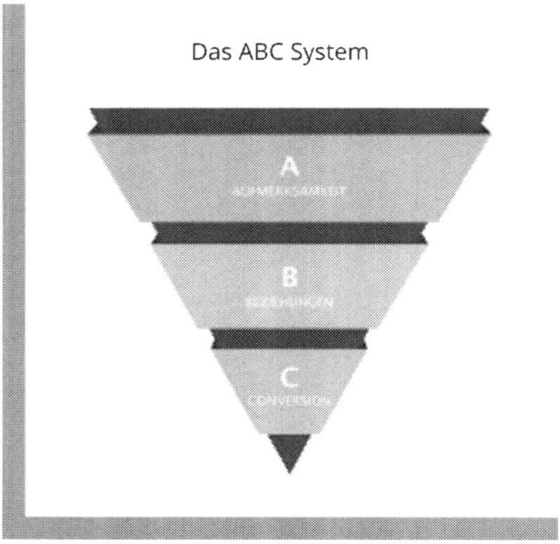

Wichtig: Das Erste, was ein Besucher von deinem Profil auf dem Desktop sieht, sind die Magic 3. Magic 3 ist die Kombination aus Banner, Profilbild und Slogan. Stelle also sicher, dass hier alles sitzt.

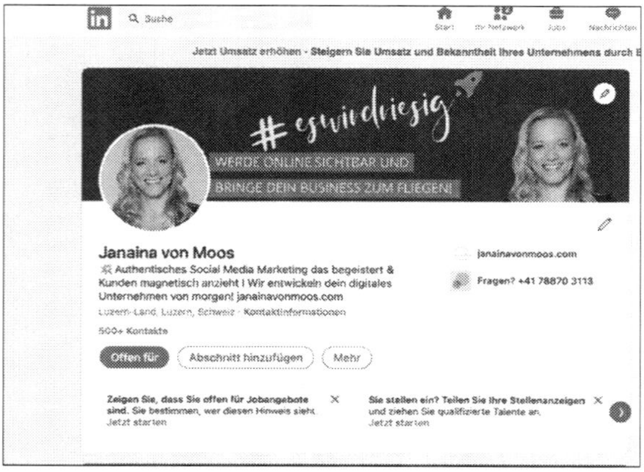

Niemand wird in die tieferen Ebenen deines Profils eintauchen und dir mehr Aufmerksamkeit schenken, wenn du es nicht schaffst, mit deinen Magic 3 zu überzeugen.

Gelingt dir das, bewegen sich die Leute auf die nächste Ebene deines Profils. Nämlich die weiteren Infos und die Zusammenfassung.

3. Info

Im Profilabschnitt „Zusammenfassung" musst du **überzeugend** und **kundenorientiert** sein!

Schreib nicht darüber, wie grossartig du bist, sondern erkläre deinen Traumkunden, wie du ihnen mit deinen Fähigkeiten und Erfahrungen bei ihren Schmerzpunkten und Problemen helfen kannst. Die Zusammenfassung ist sehr prominent im Profil platziert und sollte daher sorgsam gestaltet werden. Andernfalls verschwendest du viel Potenzial, und der Besucher springt vom Profil schneller wieder ab, als du schauen kannst. Mit 2600 Zeichen kannst du dein Fachwissen und deine Erfahrungen präsentieren, was in einem sozialen Netzwerk locker und natürlich kommuniziert gilt. Hier kannst du die ICH-Form verwenden.

Folgende Fragen solltest du in deiner Zusammenfassung unbedingt beantworten:

- Wer bist du?
- Was machst du beruflich?
- Für wen tust du das?
- Wie machst du es?
- Warum tust du, was du tust?
- Warum sollten deine Traumkunden auf dich hören?
- Was macht dich glaubwürdig?
- Warum sollte jemand mit dir arbeiten?

4. Im Fokus

Um dein Profil etwas visuell aufzuwerten, kannst du im Abschnitt "Im Fokus" relevante Inhalte in Bild- oder Video-Format veröffentlichen. Ebenfalls kannst du mit Rich-Media arbeiten, was bedeutet, dass du diverse deiner Blogartikel oder Podcast-Folgen, zu denen du eingeladen wurdest, sowie Veröffentlichungen in Magazinen einbinden kannst. Das alles stärkt deinen Expertenstatus enorm. Mit einem

Video verbesserst du zusätzlich deine Chancen, eine menschliche Verbindung zu knüpfen. So erhöhst du den Bekanntheits-, Sympathie- und Vertrauensfaktor.

Verwende dafür:

- Artikel, die du verfasst und auf LinkedIn™ veröffentlicht hast,
- Links zu externen Websites, z. B. Webseite, Blog, Portfolio, Landing Page,
- Interviews für Podcasts oder Zeitungen sowie Gastartikel in Büchern oder Blogs,
- Mediendateien wie Bilder, Dokumente, Präsentationen und Videos.

Hast du für diesen Abschnitt keine Inhalte, wird dieser auch nicht in deinem Profil angezeigt. Schreib dir unbedingt eine Notiz, dich so schnell wie möglich darum zu kümmern, diesen Bereich aufzufüllen.

5. Berufserfahrung und Ausbildung

Deine Berufserfahrungen sind ebenfalls ein wichtiger Abschnitt in deinem Profil. Verwende die 2000 Zeichen, um darüber zu sprechen, wie du deinen Traumkunden am besten mit deinen Produkten oder Dienstleistungen helfen kannst. Bitte beachte hier besonders die Gestaltung und baue diesen Bereich nie wie einen klassischen Lebenslauf, sondern wie eine moderne, einladende Landingpage auf.

6. Empfehlungen

Wir alle sind bei Entscheidungen auf die Suche nach sozialen Beweisen konditioniert, um herauszufinden, mit wem wir Geschäfte machen sollen. LinkedIn™-Empfehlungen sind eine fantastische Möglichkeit, deine soziale Absicherung zu erhöhen. Sie sind um einiges aussagekräftiger als schriftliche Zeugnisse, die du auf deiner Webseite nutzt. Das liegt daran, dass die Leser den Autor einer Empfehlung durch einen Klick auf sein Profil direkt authentifizieren können. Je mehr LinkedIn™-Empfehlungen du hast und je detaillierter jede einzelne ist, desto schneller kannst du bei deinen Profilbetrachtern Vertrauen aufbauen.

Empfehlungen, die dein Fachwissen ansprechen, schärfen dein Profil, erhöhen deine soziale Kompetenz und führen oft zu Geschäften.

An dieser Stelle möchte ich auf das so wichtige Thema „Social Proof" eingehen. Kurz angemerkt handelt es sich dabei um persönliche Bewertungen von Usern, die du auch für dein Business nutzen kannst. Plattformen wie Google My Business™, Booking.com™ und auch Tripadvisor™ setzen auf diesen Social Proof, und genau so sollten auch LinkedIn™-Nutzer ihre Empfehlungen unbedingt für sich nutzen. Diese haben einen enormen Einfluss auf die Kaufentscheidung von Menschen. Wie gesagt, du erfährst später mehr darüber, wie du dieses spannende Tool für dich nutzen kannst.

Hier einige Beispiele von meinem LinkedIn™-Profil:

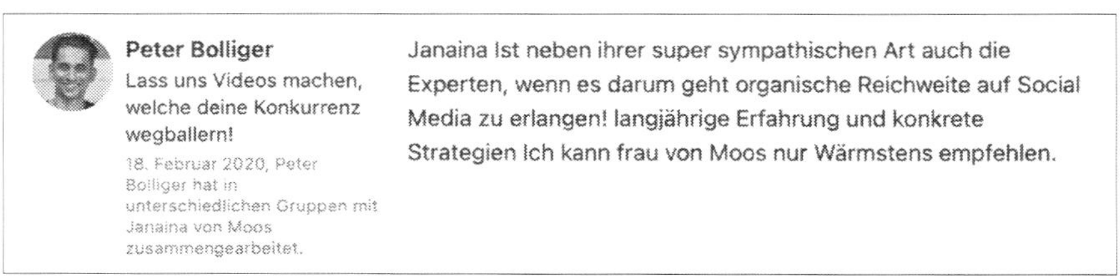

Stephanie Scheible
Social Media | Marketing bei der Tele Columbus AG | PowerMBA
18. September 2019, Stephanie Scheible hat mit Janaina von Moos zusammengearbeitet, aber in verschiedenen Unternehmen.

Gerne erinnere ich mich an die Zusammenarbeit mit Janaina zurück, welche stets professionell war und viel Spaß machte. Janaina verfügt über eine gigantische Expertise im Bereich Social Media. Sie weiß genau was sie tut und kann dies auch perfekt präsentieren. Wer in den Genuss kommt, mit ihr zusammen zuarbeiten, wird schnell merken, dass dies ein großes Glück ist.

Das sagen Teilnehmer über die Challenge:

Gaby Schaller
Ideas, Concepts, Design, Footwear Design, Development and Production
25. Februar 2021, Gaby Schaller war Janaina von Moos' Kunde/in.

Ich durfte an einem Referat von Janaina zum Thema LinkedIn teilnehmen. Janaina hat in der kurzen Zeit so viel Wissen und Motivation vermittelt. Ich konnte danach mein Profil optimieren und freu mich jetzt damit weiter zu arbeiten. Ganz toll ist auch die persönliche Betreuung. Fragen werden super schnell und kompetent beantwortet, mit so viel Herzlichkeit und Energie. Immer gerne wieder. :) Weniger anzeigen

Agnes Janson
Coaching . Ergonomieberatung online . Büro-Massage
14. Februar 2021, Agnes Janson war Janaina von Moos' Kunde/in.

Janaina hat mich in der 3-Tage-Turbo-Challenge voll und ganz von Ihrem außerordentlichen Können überzeugt. Ich hatte davor keine Ahnung von Social Marketing und Social Media, war Neuling bei Linkedin. Ich habe so viel dazugelernt!
Ich finde vor allem auch, dass sie kluge Fragen stellst, an deren Beantwortung man nicht vorbei kommt ;), z.B. WAS & WEN möchtest Du auf dieser Plattform erreichen?
Vielen Dank für den wertvollen Input :) Weniger anzeigen

Michael Seiberl • 1. 3 Wochen •••
Osmium - The rarest and most valuable of all precious metals. Infos for in...

Mir hat diese einfache Strategie geholfen, eine gewisse Klarheit in meinKonzept zu bringe und die Besucher meines Profils sehr zu steigern. Danke **Janaina von Moos**

LinkedIn™ erfolgreich kostenlos nutzen

Du wirst überrascht sein, was bereits mit einem kostenlosen Profil auf LinkedIn™ möglich ist. Lies dieses Kapitel aufmerksam durch und mach dir Notizen oder, noch besser, setze die Tipps sofort um. Denn auch mit der kostenlosen Version kannst du dein Profil richtig aufhübschen, sodass es einen Wow-Effekt hinterlässt und die Aufmerksamkeit deiner Besucher erzielt. Das funktioniert hervorragend, und wenn ich mit meinen Kunden gemeinsam auf LinkedIn™ arbeite, setze ich mein eigenes Profil auf das Basic-Profil herunter, damit ich die genau gleichen Voraussetzungen habe. Natürlich kannst du jederzeit zu einem der angebotenen Premium-Pakete upgraden, doch zum Starten brauchst du das keinesfalls.

Wenn dein Profil ideal gestaltet ist, sorge für regelmässigen und guten Content, damit die Leute immer wieder an dich erinnert werden. Das erzeugt ebenfalls Aufmerksamkeit, und wenn du deinen Job gut machst, baust du mit deinen Zuschauern, Followern, Viewern und schlussendlich mit deinen Fans eine richtig gute und starke Beziehung auf.

Personalisiere deine LinkedIn™-URL. Das bedeutet, dass du den automatisch generierten Link auf deinen Namen anpasst. Wenn dein Name bereits vergeben ist, füge einfach eine Zahl hinzu. Dein Name sollte jedoch unbedingt erwähnt sein, sodass die Leute sofort auf dich und dein Profil kommen, wenn sie ihn eingeben.

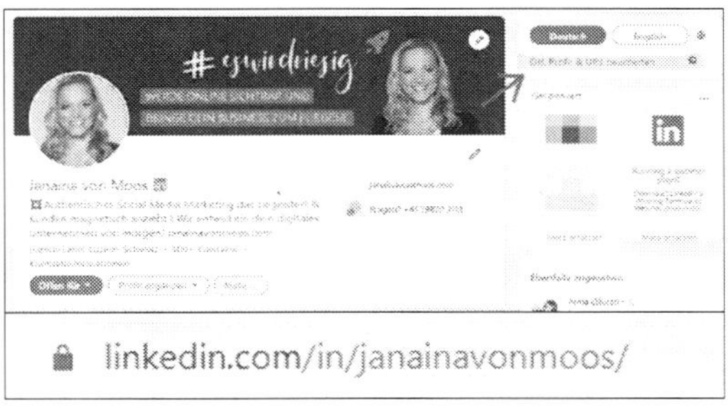

Gestalte dein vollständiges Profil unbedingt mit Keywords und nutze die SEO-Optimierung. So wird die Auffindbarkeit deines Profils gewährleistet. Nutze dazu ganz einfach den Google Keyword Planner, und dein Profil ist perfekt aufgesetzt. Wenn du hier in die Tiefe eintauchen möchtest, buche dir ein Gespräch mit mir und meinem Team:
https://janainavonmoos.com/termin-buchen/

Übrigens:
Zur Unterstützung stelle ich dir meine Profil-Checkliste bereit.

Du findest diese hier:
https://dieleadrevolution.com/freebie/

Vernetze dich mit Menschen.

Entweder direkt über eine personalisierte Kontaktanfrage mit dir bereits bekannten Personen oder mit solchen, die du noch nicht kennst, aber interessant findest. Hier scheiden sich die Meinungen. Gewisse Empfehlungen lauten, du sollst einfach Anzahl X Kontakte pro Tage anfragen. Persönlich lege ich Wert auf Qualität vor Quantität, was bedeutet, dass ich nie einfach hinaus gehe, um mich mit wildfremden Menschen zu vernetzen, sondern im Voraus gründliche Recherche betreibe. Jetzt denkst du dir vielleicht, dass das ganz schön zeitaufwändig ist. Grundsätzlich ja, aber ganz ehrlich: Ich will mich nur mit Menschen vernetzen, mit denen Potenzial zu Synergien, gutem Austausch oder Business besteht. Ein Profil mit Karteileichen bringt schliesslich keinem etwas. Schon gar nicht generiert es ein stabiles Business. Wie viele schlecht gepflegte CRMs hast du bei Firmen schon gesehen? Da gibt es zwar Kontakte, diese sind aber nicht gepflegt und bringen also wenig. Meine Devise: Weniger ist mehr.

Bei der Anfrage kannst du ohne personalisierte Nachricht direkt auf „Connect" bzw. „Vernetzen" drücken, und sobald dein Gegenüber die Anfrage annimmt, seid ihr vernetzt. Das heisst, die Person erscheint danach als Kontakt ersten Grades bei dir in der Übersicht.

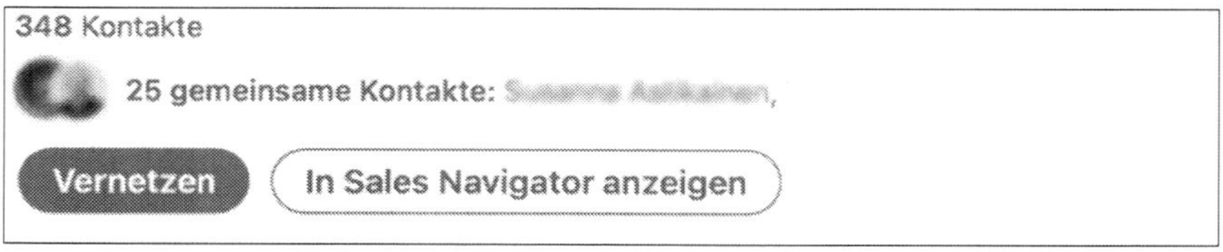

Mein Tipp: Eleganter ist es, wenn du beim Vernetzen einen kurzen persönlichen Text schreibst. Da du nur 300 Zeichen zur Verfügung hast, musst du etwas kreativ sein, damit es nicht plump daherkommt.

Klicke dazu einfach auf „Nachricht hinzufügen".

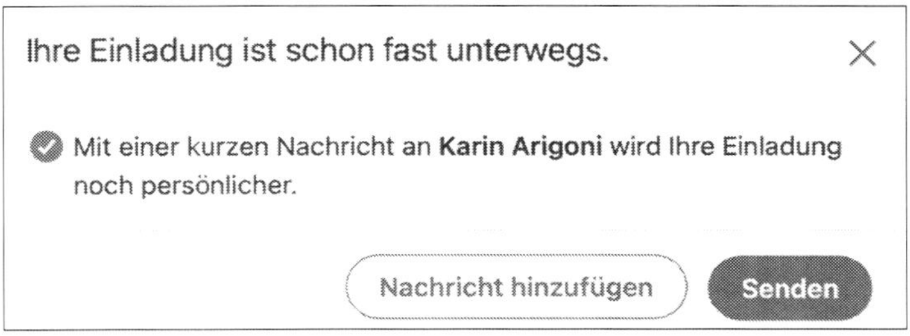

Dann öffnet sich ein Fenster:

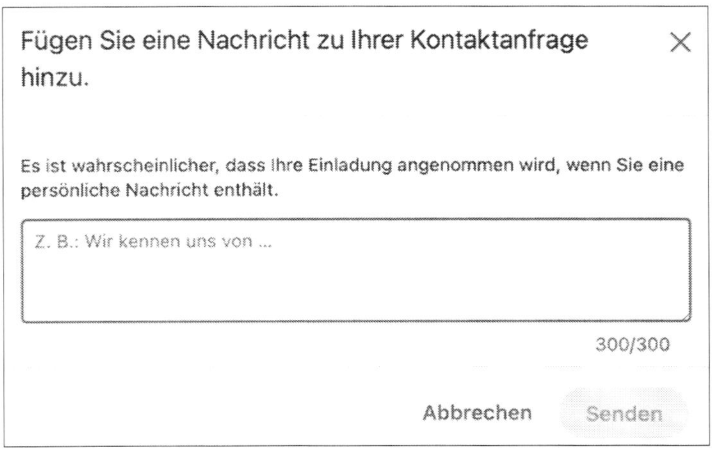

Hier hast du einige Beispiele:

Wenn du jemanden noch nicht kennst, schaffe eine Verbindung und gib einen Anlass, warum man dich in die eigene Kontaktliste aufnehmen soll.

> Hallo, NAME. Ich habe gesehen, dass wir beide Daniel Muster kennen.
> Ich freue mich über einen Austausch.

Wenn du jemanden im echten Leben kennst oder schon auf einer anderen Plattform verknüpft bist:

> Hallo, NAME, lass uns doch auch hier verknüpft sein.
> Liebe Grüsse, Michi.

> Hallo, NAME, wie läuft dein Tag?
> Schön, dich hier zu treffen.

Was ich täglich bekomme und nicht funktioniert:

> Liebe Janaina, ich freue mich, wenn wir uns
> auf LinkedIn™ vernetzen.

Jetzt fragst du dich ziemlich sicher, warum das nicht funktioniert, da es doch höflich geschrieben ist. Ja, das ist es. Wenn du aber täglich 30 bis 50 Anfragen bekommst, die so generisch sind und bei denen nicht rüberkommt, warum du dich mit der Person vernetzen sollst, dann wird es dir nicht anders gehen als mir oder meinen Kunden. Die Anfrage wird abgelehnt.

Gute Nachricht: Über die Anzahl der Kontakte kann ich keine konkreten Angaben machen, weil es sich über die Jahre immer mal wieder verändert, aber du kannst in der kostenlosen Version Kontaktanfragen verschicken. Was ich dir aber sagen kann und immer die **Faustregel ist:** Verhalte dich niemals wie ein Roboter, wird als Bot bezeichnet, denn das erkennt der Algorithmus. Konkret bedeutet das für dich, dass, wenn du bei der Anfrage 50 Mal eine Standardfloskel verschickst, diese Funktion für dich erst mal gestoppt oder gänzlich blockiert wird. Das ist übrigens bei allen Plattformen so; also verhalte dich immer wie ein Mensch! Wie bereits erwähnt: Die Aufrüstung in eine der Premium-Versionen ist jederzeit möglich, doch zum Start keine Bedingung. Natürlich hast du dort erweiterte Möglichkeiten, jedoch solltest du dich auch da nicht wie ein Roboter verhalten.

Deine Aufgabe:

So, jetzt teste ich dich gleich und sehe dabei direkt, was du bereits gelernt hast. Werde kreativ und schicke mir eine Anfrage auf LinkedIn™. Ich freue mich auf deine Kontaktaufnahme.

Die ABC-Methode

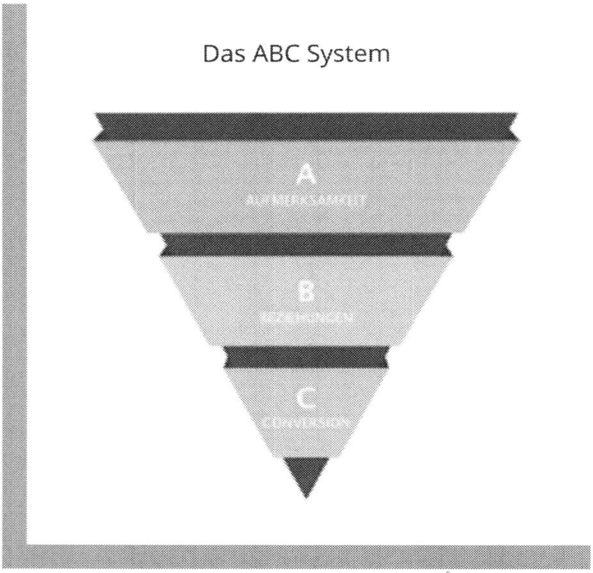

Mit der von mir entwickelten Methode ist es möglich, ganz einfach und sofort Interessenten in zahlende Kunden umzuwandeln. Wenn du daran glaubst, dass es möglich ist, mit nur einem Social-Media-Kanal jeden Monat einen fünfstelligen Umsatz zu erreichen, und das ohne bezahlte Werbung, dann lies jetzt weiter und sei gespannt. Jetzt lernst du, wie wichtig LinkedIn™ beim organischen Reichweitenaufbau und der Kundengewinnung ist. Der Beweis dafür ist, dass sich meine Kunden mit dieser Methode bereits an der Spitze ihrer Nische platzieren konnten. Ich selbst habe mit ihr 2020 über 50 Prozent meines Jahresumsatzes gemacht. Das Geniale daran: Wenn du ganz genau nach der ABC-Methode vorgehst, wirst du Resultate erzielen. Du kannst sie ebenfalls bei Facebook™, Instagram™ und XING anwenden. Und genau diese Methode werde ich dir jetzt erklären.

Begonnen habe ich mit einem Selbstexperiment im Jahr 2009. Zu dieser Zeit habe ich mich gerade selbstständig gemacht und hatte null Marketingbudget. Das bedeutet, ich musste kreativ sein und mir etwas einfallen lassen, damit ich Kunden gewinnen konnte.

Damals hatte ich überhaupt keine Ahnung von LinkedIn™ und stürzte mich ins kalte Wasser, begann also völlig frei und unbelastet damit zu arbeiten. Hellhörig wurde ich erst, als mir meine Buchhalterin mitteilte, dass ich in einem Jahr 80 Prozent des Umsatzes über LinkedIn™ erreicht habe. In mir zündete der Gedanke: Was passiert, wenn ich mir die Strategie dahinter aneigne und diese richtig lerne? Denn wenn ich ohne Erfahrung und Kenntnis bereits meinen Umsatz so enorm ankurbeln konnte, lag da wahrscheinlich Potenzial verborgen. So begann eine sehr arbeits- und lernintensive Zeit, die bestimmt nicht immer einfach war und mich auch sehr viel Energie gekostet hat. Doch mein Ziel vor Augen hat mich motiviert und liess mich immer weitergehen. Ich kümmerte mich um alles selbst: Buchhaltung, Administration, Verkauf, Kundenbetreuung und die Ausführung der Dienstleistung.

Mein Einsatz und mein eiserner Wille, die Strategie dieser Plattformen zu verstehen, haben sich eindeutig gelohnt. Der einfachste Weg dahin ist sicher Social Media, ganz besonders LinkedIn™. Darum zeige ich heute Kleinunternehmern und Solopreneuren, wie sie ihre Dienstleistungen digitalisieren können und dadurch ortsunabhängig sind. Meine ABC-Methode habe ich besonders für Solopreneure, also Menschen wie dich und mich, entwickelt. Für diese funktioniert sie besonders gut. Das Beste an meiner Methode ist, dass du dafür weder Technikfreak sein, noch über Werbebudget verfügen musst. Diese Methode ist für jeden ganz einfach anzuwenden und umzusetzen.

Die grosse Lüge auf diesem Markt ist, dass du, um richtig starten zu können, komplizierte Funnels, Landingpages oder sogar eine Webseite brauchst. Auf einmal ist dein Ziel, nämlich erfolgreich ins Online-Business zu starten, wieder weit weg. Du fühlst dich mit all diesen Dingen überfordert und weisst nicht, womit du beginnen sollst. An dieser Stelle möchte ich dich beruhigen und dir ganz klar verdeutlichen, dass es all diese Vorgaben vorerst gar nicht braucht. Das habe ich jahrelang bewiesen, und auch meine Kunden beweisen das immer wieder.

Wenn ich mit dir jetzt meine Erfahrung teile, dann versprich mir, dass du sofort in die Umsetzung kommst. Denn es bringt nichts, nur die Tipps zu lesen und zu kennen. Das Tun und in die Aktion zu kommen sind das Ausschlaggebende dabei. Also legen wir los!

Folgende Zutaten sind zum Erfolg notwendig: Laptop, Telefon, stabile Internetverbindung und dein starker Wille sowie Glauben daran, dass du es schaffen wirst.

Wenn du das alles hast, kannst du dank LinkedIn™ sofort deine ersten Premium-Kunden gewinnen und deinen Umsatz steigern.

Während ich dir jetzt Schritt für Schritt erzähle, wie du deine Ziele erreichen kannst, stell dir wie immer die Frage: „Wie kann ich das für mich in meinem Business sofort umsetzen?“, und setze es auch sofort um.

Vergiss jetzt mal all das, was du bis jetzt gehört hast, und mache deinen Geist frei für neue Impulse und Gedanken, sei offen dafür.

Konzentriere dich auf drei Abschnitte, denn wenn du diese genau beachtest, finden dich deine Traumkunden automatisch.

Diese drei Abschnitte sind:

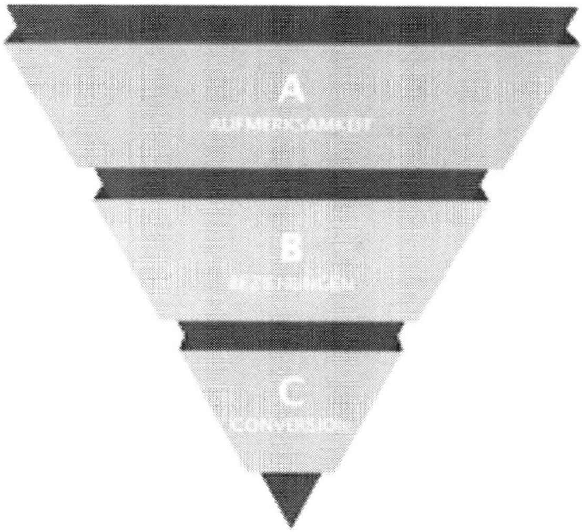

Genau darum geht es, das ist der Schlüssel zu deinem Erfolg. Als ich das bemerkt habe, war ich überrascht, wie einfach es sein kann, Neukunden zu gewinnen. Und die Resultate sprechen für sich. Mein nächster Schritt war es, dass ich die Erkenntnis mit meinen Kunden geteilt habe, um zu testen, ob es ganz generell funktioniert und nicht nur bei mir. Ja, es hat auch für meine Kunden funktioniert. Alle Kunden, die die Tipps sofort umgesetzt und angewandt haben, konnten täglich neue Leads gewinnen, haben einen professionellen Auftritt und wissen jetzt genau, wie es geht. Sie wurden zu Profis auf LinkedIn™ und haben sich dort klar positioniert.

Das ABC-System ist so simpel und für jeden einfach umzusetzen.

An diesem Dreieck, das einen Verkaufstrichter darstellt, erkennst du, dass, wenn du oben von 100 Leuten die Aufmerksamkeit bekommst, sicher nicht 100 Leute deine Kunden werden. Das wäre nun doch zu schön.

Dennoch werden alle diesen Prozess durchlaufen, und wenn du es richtig anstellst, kommen unten deine Traumkunden heraus. Genau darum geht es. Das ABC-System eignet sich für dich, wenn du eine Dienstleistung im vierstelligen Bereich oder auch höher anbietest. Bei Angeboten im zwei- oder dreistelligen Bereich kann ich dir nicht sagen, ob das System funktioniert, da meine Kunden alle höherpreisige Produkte anbieten. Doch dort kann ich dir bestätigen, dass dieses System absolut wasserdicht ist und so perfekt funktioniert wie ein Schweizer Uhrwerk.

Nichtsdestotrotz: Solltest du ein günstigeres Angebot haben, kannst du ebenfalls für dich ein paar wertvolle Tipps mitnehmen. Lies also dennoch weiter und setze genau die Punkte um, die für dich interessant sind und passen.

„A“ wie Aufmerksamkeit

Bei der Aufmerksamkeit geht es darum, wie du dich richtig positionierst, damit dich deine Kunden finden, ohne dass du ständig bezahlte Werbung schalten musst. Wir verlassen den Jagdmodus und kommen in den Modus, in dem uns die Kunden finden, wir magnetisch werden und dadurch die richtigen Kunden anziehen.

Doch wie wirst du magnetisch und erregst Aufmerksamkeit?

Arbeite mit Bildern, denn Menschen reagieren nicht auf reine Textnachrichten. Das Auge sieht ein interessantes Bild, und der Daumen bremst automatisch beim Scrollen. Anstatt eines Bildes kannst du selbstverständlich auch ein Video zu deinem Text mit einbauen. Wenn du jetzt noch eine passende Schlagzeile formuliert hast, ist dir die Aufmerksamkeit sicher. Auch bei Tageszeitungen oder bei Magazinen fällt die Kaufentscheidung immer dann, wenn Schlagzeile und Bilder, die ins Auge springen, sogenannte Eyecatcher sind. So sollte es auch bei deinen Postings sein. Denke immer daran: Bilder sprechen mehr als 1000 Worte.

Die Formulierung der Texte sollte auf LinkedIn™ immer etwas anspruchsvoller sein und prägnant auf den Punkt verfasst werden, da es eine Begrenzung der verwendbaren Zeichen gibt. Dein Schreibstil soll die Leute fesseln, und sie müssen das Bedürfnis haben, deinen Text bis zum Ende fertig zu lesen. Und am Ende eines jeden Textes darf der Call-to-Action niemals fehlen. Die Aufforderung zum Handeln ist für Kunden die Hilfestellung, um den nächsten Schritt leicht zu erreichen. Aber dazu werden wir unter Punkt C = Conversion noch viel genauer eingehen.

Um Aufmerksamkeit zu erregen, stellst du dir folgende Fragen:

- Mit welcher Schlagzeile starte ich meinen Text?
- Wie beginne ich die Kommunikation mit den Menschen?

Tipp: Viele meiner Kunden scheitern immer wieder an der Schlagzeile. Du kannst diese Kunst in der LinkedIn™ Turbochallenge lernen. Du findest diese hier:

www.turbochallenge.ch

Bestimmt hast du schon bemerkt, dass du Aufmerksamkeit über zwei Ebenen bekommen kannst. Einerseits über dein Profil, wenn die Leute dich das erste Mal sehen, andererseits über deinen Content. Normalerweise ist es so, dass dich die Leute über einen längeren Zeitraum beobachten und dann dein Profil checken. Sie möchten mehr von dir wissen und erfahren, was du so machst und was dir gefällt. Bei dieser Begegnung kommt es auf den ersten Eindruck an, ganz besonders auf dein Profilfoto.

Profilfoto

Die Wirkung des Profilfotos, also eines Portraits vom Gesicht, wird heute oft unterschätzt. Denke einmal darüber nach, wie oft du über Profilfotos stolperst. Also verwöhne deine Kontakte mit einem sympathischen Bild von dir, denn das erzeugt beim Anblick immer wieder ein angenehmes Gefühl beim Besucher, wovon du nur profitierst. Wir hatten vorher schon eingehend über das Profilbild gesprochen. Solltest du noch keine Anpassung vorgenommen haben, ist es jetzt höchste Zeit.

Der erste Eindruck zählt. Für alle, die mich schon länger begleiten oder die schon einige Marketingschulungen absolviert haben, ist dieser Satz bekannt. Da dieses Thema aber so wichtig ist und ich oft bemerke, wie sehr dieser Punkt vernachlässigt wird, spreche ich ihn immer wieder an.

Menschen kaufen von Menschen, daher ist dein persönliches Profilfoto so wichtig. Auf dem Foto solltest du Blickkontakt halten, man muss dir in die Augen schauen können. Das baut Vertrauen und Sympathie auf. Auf diesem Bild sollte dein Gesicht klar erkennbar sein. Ein absolutes „no go“ wäre, wenn du nicht direkt in die Kamera schaust, also den Blick abwendest. Handle also nach dem Motto: „Schau mir in die Augen, Baby!“

Ebenfalls sollte man dich auf deinem Foto wiedererkennen. Sicher ist man auf Fotos von einem Profifotografen geschminkt und schön frisiert, aber du solltest doch immer als du selbst erkennbar sein.

Tipp: Wenn du dein Profilbild austauschst, stelle sicher, dass du dem Stil innerhalb deiner CI treu bleibst, sodass dein Netzwerk dich wiedererkennt.

Du siehst, die Elemente ziehen sich durch, auch wenn ein paar Jährchen dazwischen liegen. Bitte verwende ein Profilbild, worauf man dich erkennt. Gerade bei Frauen erlebe ich es oft, dass sie gerne schummeln. Nimm dir also bitte meinen Rat zu Herzen und zeige dich so, wie du bist, und so authentisch wie möglich. Ja, ich bin auch nicht immer top gestylt mit Frisur und Make-up, darum geht es nicht. Doch mir ist es tatsächlich schon passiert, dass ich eine Geschäftspartnerin nicht erkannt habe, weil ihr Profilbild sehr realitätsfremd war und nicht mehr den Tatsachen entsprach. Wähle daher ein aktuelles Foto, mit dem du dich identifizieren kannst, mit dem du dich wohlfühlst und mit dem du auch eine Zeit lang arbeiten kannst. Denn auch das ständige Wechseln des Profilfotos ist nicht ideal, dadurch geht der Wiedererkennungswert verloren. Selbstverständlich ist dein Styling nicht jeden Tag wie auf einem professionellen Foto, aber du würdest trotzdem auf der Strasse erkannt werden, und genau darauf kommt es an. Wir möchten damit nämlich den Effekt der Wiedererkennung erreichen.

Egal, ob du dich vielleicht auf Instagram™ oder Facebook™ ein bisschen privater gibst, das Profilbild sollte immer gleich sein. So wirst du immer und überall sofort als eine Person wahrgenommen und erkannt. Menschen interagieren mit Menschen, daher muss auch dein ausgewähltes Foto auf deine Marke einzahlen und sie stärken. Damit sich die Menschen gerne mit dir vernetzen und dich näher kennenlernen möchten, sollte es sympathisch und vertrauenserweckend wirken.

Bei der Durchführung von über 1500 Social-Media-Checks fiel mir eines durchwegs auf: Es wurden oft Profilfotos verwendet, die weder einladend noch professionell sind.

DON'TS für dein Profilbild

1. Keine Shorts und T-Shirt

Wer seriös und professionell auftreten will, der soll auf seine Kleidung achten. Wenn du nicht gerade einen besonderen Lifestyle rüberbringen willst, trage bitte keine kurzen Hosen oder ein T-Shirt, das aussieht, als ob du gerade im Urlaub bist.

2. Keine Sonnenbrille

Eine Sonnenbrille sieht nicht nur unprofessionell aus, nein, sie verdeckt auch die Augen. Und diese sollten auf jeden Fall auf deinem Profilfoto gut zu sehen sein. Auch die Sonnenbrille als Accessoire auf dem Kopf solltest du weglassen.

3. Keine Haustiere

Auch wenn du dein Haustier wirklich von ganzem Herzen liebst, es sollte nicht mit dir auf dem Profilfoto sein. Denn es hat (ausser du bist Tierarzt, Hundetrainer oder etwas in der Art) nichts mit deinem Business zu tun.

4. Keine anderen Leute

Gruppenfotos und auch Bilder mit deinem Partner oder deinem Kind sind nicht für dein LinkedIn™-Profil geeignet.

Ich empfehle dir wirklich ein Foto, auf dem nur du zu sehen bist.

5. Keine Mütze oder Hut

Das mit der Mütze oder dem Hut ist ein Thema. Natürlich, kann es sein, dass es zu deinem Style gehört, doch auf LinkedIn™ bedeutet das, dass man sich vor etwas versteckt. Dein Profilfoto soll daher bitte ohne Kopfbedeckung sein.

6. Keine Logos

Beim Logo gehen die Meinungen oft auseinander. Lasse aber bitte dein Logo für das Profilbild weg. Das hat da nichts zu suchen. Auf dem Foto geht es um dich und nur um dich. Du kannst das Logo dafür super im Banner integrieren. Das empfehle ich dir sogar.

7. Kein Urlaubsfoto

Auch wenn du von deinem Urlaubsfoto so begeistert bist, verwende es nicht als Profilbild. Das wirkt unseriös.

Dein Profilbild auf LinkedIn™ muss nicht unbedingt ein Foto vom Fotografen sein, aber wenn du dich an die sieben oben genannten Kriterien hältst, wirst du viel mehr Vernetzungsanfragen und dadurch mehr Kunden gewinnen.

Mit der richtigen Bildgrösse wird die Qualität der Bilder hervorgehoben. Durch hochwertige Bilder und das optimale Format wirkt dein Erscheinungsbild, egal ob im privaten oder im Business-Profil, direkt professionell.

Hier eine Empfehlung zur Grösse der unterschiedlichen Fotos, die du verwenden kannst. Vergiss dabei nicht, immer deine Corporate Identity dafür zu verwenden.

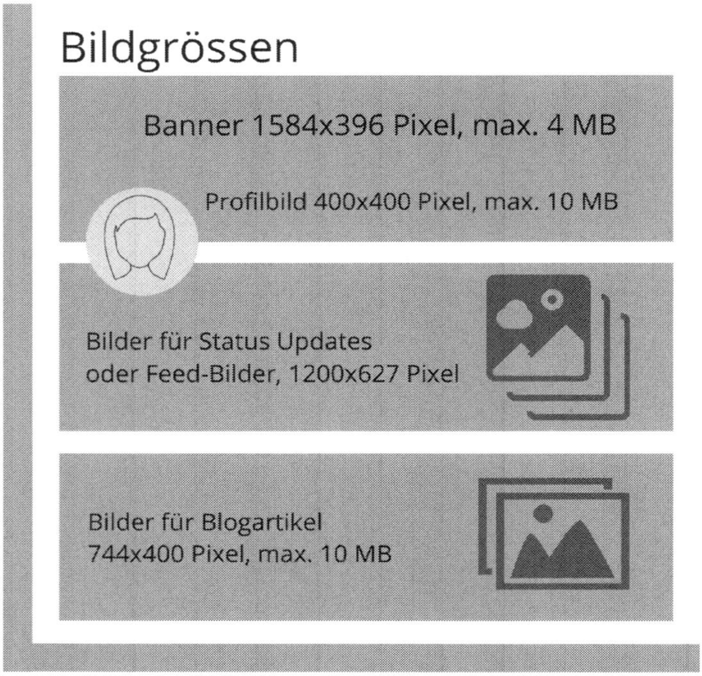

Headline

Die wichtigste Zeile, um in deinem Profil Aufmerksamkeit zu erzielen, ist die Headline. Es gibt die Headline in den Texten sowie die Headline unter deinem Namen. Diese Zeile ist nach deinem Profilbild das Nächste, worauf du dein Augenmerk richten solltest, und du solltest dir den Text dazu ganz genau überlegen.

Wie du deine Headline passend für dich und dein Business gestalten könntest, dafür gibt es drei Arten.

1. Keyword-fokussierte Headline

Hier wählst du gezielt Wörter aus, nach denen die Menschen suchen, wie zum Beispiel Malermeister, Friseur, Pizzeria. Bei mir würde beispielsweise Social-Media-Beraterin oder Social-Media-Strategin oder Facebook™-, LinkedIn™- beziehungsweise Instagram™-Expertin stehen. Diese Art der Headline empfehle ich dir dann, wenn du ziemlich neu auf LinkedIn™ bist. Dadurch steigt die Wahrscheinlichkeit, gut gefunden zu werden.

> LinkedIn Trainer | Personal Branding | Online Marketing | Digital Recruiting | LinkedIn Profil Workshops | Active Sourcing | Employer Branding | LinkedIn für Stellensuchende & Recruiter | Dozentin | Consultant

2. Kundenorientierte Headline

Dabei stellst du eine Frage oder formulierst eine treffende Aussage. Durch geschickt gestellte Fragen holst du dir von deinen Lesern ein innerliches „Ja" ab. Deine Frage sollte genau das Bedürfnis deiner Kunden treffen. Sozusagen „create a desire", erwecke ein Bedürfnis, das schon lange in deinem Gegenüber schlummert. Das könnte beispielsweise sein: „Möchtest du gerne monatlich 20 bis 30 neue Leads organisch für deine Dienstleistung gewinnen?" Die Kunden, die dieses Bedürfnis haben, werden sofort innerlich rufen: „Ja, sicher möchte ich das!"

> Janaina von Moos
> Würdest du gerne monatlich 20-30 Leads organisch für deine Dienstleistung gewinnen? I janainavonmoos.com

Und dieses mentale „Ja" bedeutet, dass die Person mehr über dich erfahren möchte und dich weiter beobachten wird. Du hast beim Leser das Interesse geweckt, daher bleibt sie länger auf deinem Profil. Das hat wiederum zwei Vorteile: Du hast länger Zeit für deinen ersten Eindruck, und durch den längeren Aufenthalt auf deinem Profil wird deine organische Reichweite erhöht. Das Ziel einer jeden Social-Media-Plattform ist es, möglichst viel Aufmerksamkeit und lange Verweilzeiten zu erhalten, doch das ist dir ja sicher bekannt. Nur wenn du es schaffst, bei deiner Community die Aufmerksamkeit so hoch wie möglich zu halten, wird deine organische Reichweite immer weiter ausgestrahlt.

3. Statusorientierte Headline

Diese Variante wird häufig in den USA und in englischsprachigen Ländern genutzt. Im deutschsprachigen Raum ist sie weniger populär, denn es handelt sich dabei um eine sehr Ich-bezogene Headline. Hier werden Slogans verwendet wie: „Ich bin dreifacher Bestsellerautor“ oder „fünffacher Grammy-Gewinner“, „zweifacher Goldmedaillen-Träger im Triathlon“. Wir im deutschsprachigen Raum fühlen uns mit diesen Statements nicht sehr wohl, aber wenn es zu dir und deiner Marke passt und es für dich stimmig ist, kannst du es selbstverständlich anwenden.

> Keynote Speakerin 🗣 Bestsellerautorin 📖 Mentorin für Unternehmer & Selbständige- Lebensmotto: ERFOLG IST DEINE ENTSCHEIDUNG ! Mindset 🧠 Online Marketing - Umsatz 💰

Meine Empfehlung für die richtige Headline ist Variante eins oder zwei. Diese kannst du sofort nutzen und umsetzen, um damit positiv auf dich aufmerksam zu machen.

Vergiss niemals: „Du bist die Marke.“ Alles, was du auf LinkedIn™ unternimmst, sollte deiner Marke dienen und auf sie einzahlen. Das bedeutet, dass du mit deiner Copyright Identity, kurz deiner CI, einen Wiedererkennungswert schaffst und wirklich guten Mehrwert für deine gesamte Community generieren sollst. Hab den Mut, auch mal anders zu sein, so stichst du aus der Masse hervor.

Was eine starke Marke überhaupt ausmacht

Beim Begriff „Marke“, englisch „Brand“, handelt es sich um einen Begriff aus dem Marketing und aus dem Rechtlichen. Sinngemäss bedeutet es die Person betreffende Markierung bzw. die Kennzeichnung einer Person als Marke oder etwas gekürzt die Markierung von Menschen. Eingängiger klingt jedoch der Ausdruck Markenbildung beim Menschen.[18]

Persönlich bevorzuge ich die Definition von Jeff Bezos: „Deine Marke ist, was andere Leute über dich sagen, wenn du nicht im Raum bist." Im Marketing stellt die „Marke" die Wahrnehmung des Kunden über ein Produkt, eine Dienstleistung oder auch eine Person dar. Sobald der bestimmte Name fällt, kann er sofort zugeordnet werden. Je bekannter die „Marke" ist, desto höher ist der Marktwert. Daher solltest du immer bemüht sein, von Beginn an eine exzellente Position zu erreichen.

Aus juristischer Sicht ist eine „Marke" ein rechtlich geschütztes Herkunftszeichen, nicht mehr und nicht weniger. Lange war mein Name Janaina von Moos nur eine Personenmarke, so wie mein Slogan #eswirdriesig nur eine Marke im marketingtechnischen Sinne ist. Heute sind beide rechtlich geschützt und eingetragen.

Da sich Menschen bei Käufen sehr nach Marken und deren Bekanntheit orientieren, ist es besonders wichtig, dass auch du dir eine starke Marke aufbaust. Eine erfolgreiche Positionierung am Markt ist jedoch nur dann möglich, wenn dein Produkt oder dein Angebot unverkennbare Merkmale aufweist.

Auf was du beim Aufbau deiner Marke achtet solltest und welche Merkmale dafür ausschlaggebend sind, beschreibe ich dir in der folgenden Checkliste:

- [x] Achte auf diese sieben Punkte bei deinem Markenaufbau.

- [ ] 1. Klarheit: Du hast eine ganz klare Message, und dein Traumkunde versteht sofort, was du tust und wie du ihn unterstützen kannst.
- [ ] 2. Relevanz: Du bringst die Probleme oder aktuelle Situation deines Traumkunden auf den Punkt und zeigst ihm, dass du ihn verstehst. Du bietest Inhalte und vor allem Mehrwert rund um diese Schmerzpunkte.
- [ ] 3. Leidenschaft: Deine Werte, Träume und Vision sind sofort und klar erkennbar.
- [ ] 4. Individualität: Du vermittelst, weshalb du anders/besser als andere bist und dadurch perfekt zu deinem Kunden passt - das sollte immer wiederholt werden
- [ ] 5. Glaubwürdigkeit: Du baust Vertrauen auf und lieferst, was du versprichst. Hier spielt Social Proof eine grosse Rolle!
- [ ] 6. Beständigkeit: Der Wiedererkennungswert ist durch deine einheitliche und beständige Sprache und ein solches Auftreten sofort erkennbar. Branding on point!
- [ ] 7. Sichtbarkeit: Du wirst regelmässig und an für deine Kunden sehr relevanten Stellen angezeigt.

Wie du siehst, gibt es einiges zu beachten, um eine starke Marke aufzubauen. Die Grundlage, um diese sieben Merkmale für einen starken Personal Brand erarbeiten zu können, ist deutlich: Du musst deine Zielgruppe bzw. deinen Traumkunden und dessen Bedürfnisse kennen!

Wenn du dir darüber ganz klar bist, dann gehe alle Punkte Schritt für Schritt durch und überlege, wo es noch Verbesserungsmöglichkeiten gibt. Mit meinen Kunden erarbeite ich dies vertiefend in meinem KOMPASS Programm. Hier kannst du dich unverbindlich für ein Gespräch einbuchen und herausfinden, ob ich dir weiterhelfen kann: https://janainavonmoos.com/termin-buchen/

„B“ wie Beziehung

Grundsätzlich gibt es keinen Unterschied zwischen dem Aufbau von Off- und Online-Beziehungen. Ob im realen Leben oder auf Social Media: Es gelten die sogenannten „Anstands“-Regeln. So behält also der Alltags-Knigge, der für den persönlichen Bereich gilt, auch virtuell seine Gültigkeit. Höflicher Umgang, Respekt und gegenseitige Achtung sind die Grundlage für gute Beziehungen. Generell kann man sagen, dass du dich so, wie du dich im echten Leben verhältst, auch auf Social Media verhalten solltest. Denn mit den richtigen Beziehungen wird deine Marke so gestärkt, dass dein Netzwerk kostenlos Werbung für dich macht. Dieses grossartige Geheimnis verrate ich dir hier, denn wir beschäftigen uns ausführlich mit Beziehungs- und Vertrauensaufbau.

Um eine gute Beziehung aufzubauen, musst du immer guten und hilfreichen Mehrwert liefern. Je mehr du davon lieferst, desto stärker baust du deinen Expertenstatus auf, was auf LinkedIn™ einfach genial funktioniert. Liefere hier regelmässige Inhalte, die deinem Publikum, deiner Community, helfen und somit deinen Expertenstatus steigern. Das kannst du machen, indem du Fragen stellst und genau hinhörst, was sich deine Community wünscht und wo sie der Schuh drückt. Ganz nach dem Motto: Welche Probleme kannst du für sie lösen? In diesem Zusammenhang spricht man dann von Social Listening.

Fang ganz einfach an, mit deiner Community zu interagieren. Wenn du die Möglichkeit hast, in deinen speziellen Bereichen ein Vorreiter zu sein oder Trends zu kommunizieren, dann nutze das. Selbst bin ich in meinem Bereich immer versucht, auf dem Laufenden zu sein, und wenn sich im Bereich Social Media, auf LinkedIn™ oder Facebook™ etwas ändert, kommuniziere ich die Updates sofort mit meiner Community. Da mir bewusst ist, dass meine Community dadurch meine Inhalte regelmässig konsumiert, bleibe ich immer am Ball und halte mein Wissen frisch. Da meine Community weiss, dass sie von mir topaktuell informiert wird, folgt sie mir auch. Denke also stets darüber nach, was du für deine Community tun kannst.

Diese News und wertvollen Tipps funktionieren wie ein Trichter. Doch wenn du erst neu gestartet bist, fühlst du dich oftmals wie in einer weissen Wolke. Was meine ich damit? Du startest voller Elan, produzierst guten Content, schreibst hervorragende Texte, hast coole Bilder, doch die Interaktion ist schwach bis dürftig. Viele lassen sich davon entmutigen, doch ich rate dir dranzubleiben, denn das zahlt sich aus. So ist erwiesen, dass wir deutschsprachigen Menschen nicht gerne liken und kommentieren. Das bedeutet jedoch nicht, dass wir abwesend sind. Deshalb ist es so wichtig weiterzumachen. Würdest du die gleiche Aktion beispielsweise in Italien durchführen, hättest du am ersten Tag viele Likes von Verwandten, Bekannten, dem halben Dorf, da jeder sofort auf „Gefällt mir“ klickt. Das ist als Ego-Booster sehr nett, bringt am Ende des Tages jedoch keine Kunden. Wenn du also eine Durststrecke hast, denk an dieses Beispiel und mache weiter.

Wenn du am Ball bleibst und regelmässige Benachrichtigungen postest, wirst du immer wieder gesehen. Was im realen Leben gilt, ist auch auf LinkedIn™ gültig: Kontinuität ist für jede Beziehung wichtig, besonders in der Anfangsphase. Hier fällst du eventuell durch deine besonderen Emojis auf, die immer wieder ins Auge stechen, und wirst so unbewusst wahrgenommen. Mit der Zeit werden die Menschen neugierig, gehen auf dein Profil und sehen sich an, was du postest und was du tust. Wenn du ihnen gefällst und sympathisch bist, beginnen sie mit dir zu interagieren. Das kann mit einem Like oder Kommentar geschehen, vielleicht folgen sie dir erst im Nachgang und senden dir dann auch eine Anfrage. Diesen Prozess müssen Follower durchlaufen, bevor der eine oder andere zu deinem Kunden wird. Einer der grössten Fehler, den du machen kannst, ist, im ersten Drittel deines Profils sofort mit der Tür ins Haus zu fallen. Beim ersten Date machst du ja auch keinen Heiratsantrag, diese Grundregel gilt hier ebenfalls. Denn niemand möchte plumpe Annäherung, sondern es gilt, einen gewissen Prozess zu durchlaufen und das Gefühl zu haben, sich selbst im eigenen Tempo entscheiden zu können. Vor allem werden Menschen gerne zu Käufern, wenn sie das Gefühl haben, dich bereits zu kennen. Dieses Gefühl und diese Verbindung erzeugst du mit dem Beziehungsaufbau vom ABC-System. Wenn sie sich nämlich über diesen Weg für den Kauf entscheiden, hast du gute, loyale und meist langjährige Kunden gewonnen. Ja, dieser Prozess braucht Zeit und Geduld. Doch glaube mir, mit der Zeit bekommst du ein Gespür dafür, wie lange der Prozess vom Erstkontakt bis zum Kunden dauert. Wenn du das einmal weisst, kannst du richtig strategisch arbeiten. Es kann sein, dass es bei dir drei Monate dauert oder auch sechs Monate, doch mit etwas Geduld weisst du irgendwann ganz genau, wie viele Kunden du am Ende des Monats gewinnen kannst. Daher mein Tipp: Bleib dran und führe Statistik, es lohnt sich!

Nachdem Beziehungen geknüpft wurden, muss jetzt unbedingt das Vertrauen aufgebaut werden. Aber wie baut sich Vertrauen auf? Diese Frage wird mir sehr häufig gestellt. Dazu kann ich dir raten, eine persönliche Note in deinen Content zu bringen und auf den Wiedererkennungswert in deinen Postings zu achten. Arbeite weiterhin innerhalb deiner Corporate Identity und nutze Bilder. Doch sei beruhigt: Du musst natürlich nicht auf allen Fotos immer selbst zu erkennen sein. Wenn du deine Marke bist, also eine Personal Brand, dann würde ich dir jedoch zumindest empfehlen, immer wieder auf Fotos mit deinem Gesicht aufzutauchen, denn dadurch steigt der Wiedererkennungswert.

Ebenfalls kannst du Vertrauen aufbauen, indem du gut zuhörst und genau darauf achtest, was sich deine Community wünscht. Welche Fragen stellt sie? Welche Schmerzpunkte beschäftigt sie? Wenn du das weisst, gehst du in deinen Posts gezielt auf die Probleme ein und bietest konkrete Lösungsvorschläge an, die sich gut und schnell umsetzen lassen. In diesem Zusammenhang sprechen wir von sogenanntem Snackable Content, leicht verdaulichen Quick Tipps. Damit schlägst du zwei Fliegen mit einer Klappe. Du hast eine wunderbare Community, die deine Inhalte konsumiert und nach aussen trägt. Gleichzeitig hast du kaufwillige Kunden, die innerhalb der Community von dir kaufen. Die Community ist dein Sprachrohr. Wenn du gute Inhalte produzierst, werden sie diese verlinken, dich weiterempfehlen und so kostenlos Werbung für dich machen.

Likes haben auf LinkedIn™ einen ganz anderen Stellenwert

Wenn dein Inhalt ein Like oder einen Kommentar bekommen hat, erscheint dein Post automatisch auf der Timeline deines Fans und wird dadurch auch von dessen Community wahrgenommen. Diese absolut positive Besonderheit kennen nicht viele. Daher sei sie noch einmal kurz erklärt, denn diese Funktion ist meiner Meinung nach sehr wichtig. Wenn du auf Facebook™ 100 Likes hast und auf LinkedIn™ nur 10, kannst du das nicht miteinander vergleichen. Die 100 Likes auf Facebook™ sind gut und nett, doch bringen sie dir im Grunde wenig bis gar nichts, da die Reichweite sich innerhalb deines Dunstkreises abspielt. Wenn du hingegen 10 Likes auf LinkedIn™ hast, bedeutet dies, dass dein Content einmal bei diesen 10 Leuten auf deren Timeline ausgestrahlt wird und zum anderen diese 10 Kontakte beispielsweise wiederum 300 Kontakte kennen, die nun deinen Content sehen können.

Das ist der sogenannte **Ripple-Effekt und die Power von LinkedIn™.**

Spätestens jetzt wird dir sicher so richtig bewusst, wie wichtig guter Content und wertvoller Mehrwert in deinen Postings auf LinkedIn™ ist. Mit viel weniger Aufwand hast du hier massiv grössere Reichweite, und deine Community wird zu deinem Sprachrohr.

„C“ wie Conversion

Jetzt hast du Aufmerksamkeit erregt und gelernt, wie Beziehungen aufgebaut werden. Kommen wir also nun zum wichtigsten Teil, zur Conversion. Hierbei handelt es sich um die Umwandlung der Fans in zahlende Kunden.

Wenn du meine Tipps bis jetzt befolgt und angewandt hast, kannst du nun zum Angriff übergehen und durchstarten.

Die perfekte Conversion beinhaltet einen ganz wesentlichen Punkt, nämlich den passenden Call-to-Action, kurz CTA. Der CTA, zu Deutsch Handlungsaufforderung, führt schlussendlich zur Conversion. Ein CTA zeigt deinem Kunden den nächsten Schritt auf. Dieser muss nicht automatisch immer eine direkte Kauf- oder Buchungsaufforderung sein, sondern kann auch eine Anregung sein, sich dein kostenloses E-Book herunterzuladen oder deiner Gruppe beizutreten. Ebenfalls kannst du deinen Leser auffordern, auf den Link zu klicken, wenn ihm dein Inhalt gefallen hat und er mehr darüber erfahren möchte. Wenn du nämlich ständig Kaufaufforderungen in deinen CTA platzierst, fühlen sich die Leute unter Druck gesetzt, und das ist nicht dein Ziel. Biete also zuerst etwas an, von dem die Leute etwas haben, das ihnen Freude und Informationen schenkt, wie ein E-Book, eine „Meditation“ etc. So ziehst du sie dann über die Kundenreise, die Customer Journey, immer näher an dich heran.

Sofern du diesen Weg richtig gehst, entstehen aus deinen Followern zahlende Kunden. Diese Art der Kundengewinnung, über das organische Funnel-Marketing, braucht Zeit und geschieht nicht über Nacht. Es funktioniert anders als bei einer bezahlten Werbeanzeige, bei der plötzlich irgendwelche Leute wie aus dem Nichts bei dir auftauchen. Der langsame Weg hingegen ist stetig, solide und krisensicher. Das erlebte ich persönlich ganz besonders im Jahr 2020. In dieser Krisenzeit, als es draussen ruckelte und viele Leute mit Angst konfrontiert wurden, haben Kunden weiterhin bei mir gebucht, weil sie mir vertrauten. Die Anfragen, um Unternehmen von Off- zu Online umzustellen, häuften sich enorm.

Bei meinen Kunden konnte ich das ebenfalls beobachten, sie hatten fast keinen Einbruch durch dieses Jahr. Wie ich hatten sie zuvor ihren Expertenstatus auf Social Media aufgebaut und konnten dadurch ihr Business weiter ausbauen. Alles in allem generierte ich 2020 den höchsten Umsatz in meiner mehrjährigen Selbstständigkeit, und das ist genau das, was ich mit krisensicher meine. Dieses doch eher verrückte Jahr war also bei mir und vielen meiner Kunden das beste Geschäftsjahr überhaupt, was mich zum Fazit bringt, dass ein organischer und langfristiger Ansatz des Kundenaufbaus dein Business auf solide Beine stellt und sich auf jeden Fall lohnt. Wir alle wissen: Zeit ist Geld. Und deshalb ist es so wichtig, sich genau damit auseinanderzusetzen. Werde dir klar, wie du dein Social-Media-Marketing betreiben willst, denn Geld in Werbeanzeigen kannst du immer investieren, doch deine Zeit kommt nie mehr zurück. Wenn ich also meine wertvolle Lebenszeit auf LinkedIn™ investiere, möchte ich zwingend wissen, was am Ende des Tages dabei herauskommt. Es ist mir wichtig, ein System zu haben, das mir zuverlässig Kunden und gute Umsätze liefert. An dieser Stelle kannst du einmal deinen Zeitaufwand, den du in die verschiedenen Kanäle investierst, überprüfen und gleichzeitig kalkulieren, ob sich dieser überhaupt rechnet. Sollte es dir zu langsam gehen und möchtest du dein Ziel schneller erreichen, dann kannst du zwischendurch mit Werbeanzeigen arbeiten. Gerne teile ich hier mit dir den grossen Fehler von Werbeanzeigen, der immer wieder passiert: Es wird viel zu früh damit begonnen. Daher mein Rat an dich: Beginne erst mit bezahlter Werbung, wenn du dein Business solide aufgebaut hast. Ebenfalls solltest du deine Kennzahlen und Statistiken sowie deine Zielgruppe bestens kennen und genau wissen, was sie braucht und sich wünscht. Erst mit diesen Erkenntnissen kannst du loslegen und deine vollen PS auf die Strasse bringen, einen Sales-Funnel bauen und Werbeanzeigen schalten. Statt also durch fehlende Erfahrung sehr viel Geld zu verbrennen und vom Ergebnis ernüchtert zu sein, kannst du diese Zeit für den Aufbau investieren, was sich langfristig für dich auszahlen wird. Das kannst du mir glauben.

Den Umgang mit dem Ads-Manager und die korrekte Nutzung des Sales Navigator kannst du übrigens bei mir im KOMPASS lernen. Wenn dich das interessiert, buche dir ein unverbindliches Gespräch mit meinem Team:
https://janainavonmoos.com/termin-buchen/

Zusammenfassend kommt es beim ABC-System darauf an, dass

- du die **Aufmerksamkeit** der Kunden auf dein Profil, deine Timeline und deine Positionierung lenkst und darauf, wie leicht du es deinen Kunden machst, dich zu finden und dir zu folgen. Das alles, ohne dass du Geld für teure Werbung ausgibst.

- du die **Beziehung** zu Menschen aufbaust und es dir gelingt, deine Marke so zu stärken, dass deine Fans kostenlos für dich Werbung machen.

- durch die **Conversion** regelmässig Neukunden in deinen Sales-Funnel purzeln und sich diese ohne Werbebudget zu zahlenden Kunden wandeln.

Aufbau der Community

Tipps zur aktiven Kundengewinnung

Wie du mit LinkedIn™ auf eine ganz einfacher Weise Kunden gewinnen kannst, zeige ich dir jetzt in den fünf einfachsten Schritten. Am Schluss kannst du für dich, ohne Werbekosten, die richtigen Leute identifizieren und sie schlussendlich in zahlende Kunden verwandeln.

Tipp Nummer 1 – Finde die richtigen Leute

Das hört sich banal an, aber es ist so essenziell wichtig. Auf LinkedIn™ gibt es die Filterfunktion, bei der du ganz gezielt nach gewissen Kriterien suchen kannst. Diese solltest du unbedingt für dich nutzen, du findest sie sogar auf dem kostenlosen Profil. In einem anderen Kapitel gehen wir übrigens noch vertiefend darauf ein.

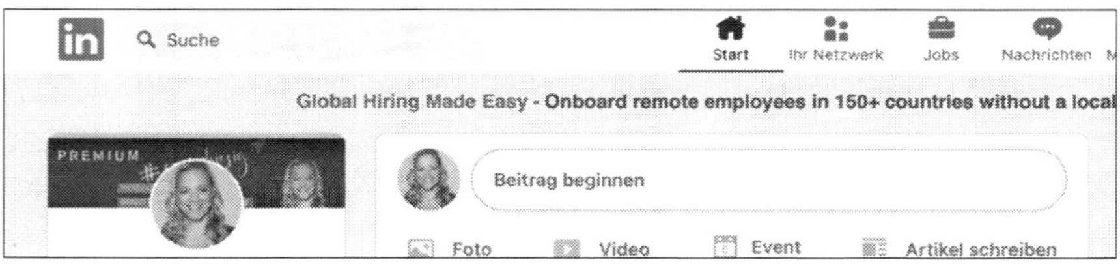

Tipp Nummer 2 – Vernetze dich mit diesen Menschen

Damit meine ich keine Massen-Connections. Wähle gezielt und gut überlegt, welche Leute du anschreiben möchtest. Je besser deine Auswahl hier ist, desto einfacher ist es nachher, aus diesem Personenkreis neue Kunden zu generieren. Wähle also bewusst.

Hierfür kannst du verschiedene Filterfunktionen nutzen und nach Personen, dem aktuellen Job suchen, nach Unternehmen oder Gruppennamen filtern usw. Es stehen dir schier unendliche Möglichkeiten der Kombination zur Verfügung.

Sei also kreativ und nutze das Potenzial für dein Business.

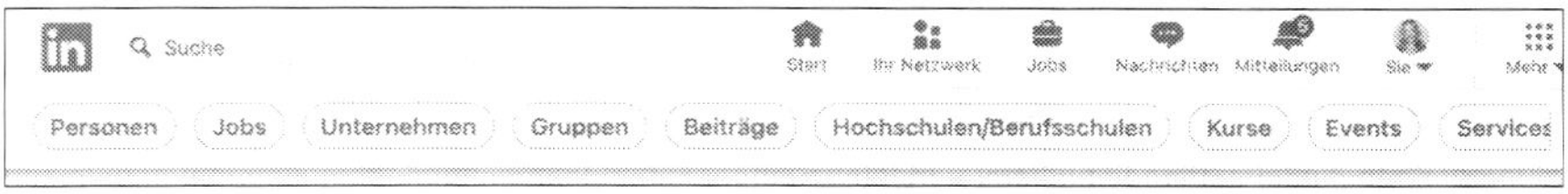

Tipp Nummer 3 – Interaktionen

Ein weiterer wichtiger Punkt ist der, mit diesen Menschen zu interagieren. Das kannst du sowohl über den Messenger als auch über die Kommentare der Leute. Nimm dir Zeit und studiere den Content von deinen Top-Followern, du lernst sie dadurch besser kennen.

Tipp Nummer 4 – Beziehungsaufbau

Baue mit den Menschen eine Beziehung auf und passe deine Botschaften genau auf deine Traumkunden an. Dadurch entsteht eine ganz besondere Beziehung und automatisch auch Vertrauen. Erst wenn die Menschen dir vertrauen, können sie überhaupt zu Kunden werden. Der Beziehungsaufbau wurde bereits beim „B" der ABC-Methode eingehend erläutert, und es ist wichtig, diesen Punkt sauber auszuführen. Punkt B entscheidet darüber, ob du eine Freundes- oder Kundenliste auf LinkedIn™ aufbaust. Das ist der kleine, aber feine Unterschied.

Tipp Nummer 5 – Conversion

Damit es überhaupt zur Conversion, der Umwandlung eines Followers zu einem zahlenden Kunden, kommen kann, müssen alle vier vorgenannten Punkte erfüllt werden. Auch solltest du eine klare Call-to-Action, die sogenannte Handlungsaufforderung, machen. Diese Handlungsaufforderung sagt deinem Interessenten, Follower oder Publikum ganz genau, was als Nächstes zu tun ist. Du musst deinem künftigen Kunden klar sagen, was du gerne von ihm hättest. Beispielsweise:

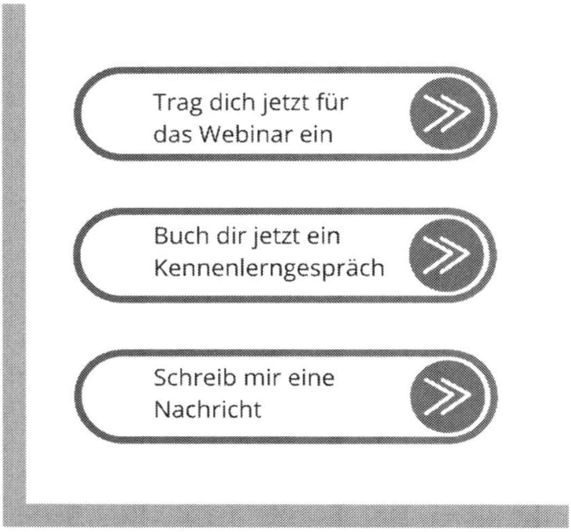

Entscheide dich für den richtigen Call-to-Action, sodass eine Conversion entstehen kann.

Sofern du diese fünf Punkte beachtest, wirst du ganz einfach zu deinen neuen und richtigen Kunden kommen.

Tipps zur passiven Kundengewinnung – Sogmarketing

Definition Sogmarketing:

Sogmarketing meint nichts anderes, als dass du magnetisches Marketing kreierst und dadurch Menschen anziehst. Damit dein Sogmarketing erfolgreich gelingen kann, gebe ich dir drei Tipps an die Hand.

Tipp 1: Gefunden werden

Das Wichtigste ist, dass du mit deinem Profil gefunden wirst. Wenn du die Profiloptimierungen wie gezeigt umgesetzt hast, solltest du diesem Ziel deutlich näher gekommen sein. Der Schlüssel dafür ist der Einsatz der richtigen Keywords. Diese solltest du sowohl in deinem Profil wie auch in deinen Beiträgen immer wieder nutzen. Gib dem Algorithmus ein paar Tage Zeit, und du wirst deutliche Verbesserungen sehen.

Tipp 2: Teile dein Warum

Heute reicht es nicht mehr, einfach ein Profi in deinem Fachgebiet zu sein. Menschen möchten emotional abgeholt werden und sofort etwaige Gemeinsamkeiten erkennen. Ob im Erlebten, der Lebenserfahrung oder der Wertehaltung. Daher ist dein Warum ein so starker USP, denn er kann von keinem deiner Mitbewerber kopiert werden.

Wenn du eine starke, einzigartige und gewinnbringende Story für dein Warum sowie deine Personenmarke ausarbeiten möchtest, dann sprich jetzt unverbindlich mit meinem Team: https://janainavonmoos.com/termin-buchen/

Tipp 3: Einzigartigkeit

#traudicheinzigartig ist einer meiner Leitsätze. Ganz ehrlich, niemand möchte zum 100. Mal die gleichen Standardfloskeln hören. Wenn du also rausgehst und sagst, dass du das und das besser kannst als andere, oder etwas anders machst, dann reicht das einfach nicht. Interessenten und Kunden wollen deine Einzigartigkeit erkennen und erleben. Viele meiner Kunden buchen mich genau deswegen. Ja, eigentlich bin ich eine Social-Media-Strategin und helfe beim Aufbau von Personenmarken und Online-Business. Doch ganz ehrlich: Deswegen kommen die Kunden nicht zu mir, denn es gibt doch einige gute Mitspieler in diesem Bereich. Die Menschen kommen zu mir, weil ich eine Superpower habe, und zwar folgende: deine Zukunftsversion zu sehen, selbst wenn du noch nicht daran glaubst, und so lange mit dir dranzubleiben, bis du sie erkennen kannst.

So wie dieser Kunde, der mit einem LinkedIn™-Problem zu mir kam. In der Tat hatte er kein Problem mit dieser Plattform, sondern eines mit seinem Mindset. Er glaubte nicht, dass er mehr aus sich und seinem Business machen kann. Sechs Wochen nach unserem ersten Gespräch hatte er den Durchbruch!

Hello Janaina,
I hope you're doing well.
I just wanted to say thank you for your help.

I increased my price.
And make my first 78k month last month 😉

Wenn du ebenfalls noch an der einen oder anderen Stellschraube in deinem Business drehen willst, darfst du dir gerne ein Gespräch buchen. Es ist kostenlos und unverbindlich:

https://janainavonmoos.com/termin-buchen/

Gruppen und ihre Möglichkeiten

Gruppe als Mitglied nutzen

LinkedIn™-Gruppen sind eine geniale Möglichkeit, um dich zu vernetzen, und das sogar, ohne selber eine Gruppe aufbauen zu müssen, wenn du das nicht möchtest.

Du kannst ganz einfach recherchieren, indem du in der Suchleiste den für dich relevanten Begriff eingibst und dann auf Gruppen klickst.

Beispiel: Ich gebe in der Suchmaske „Golf" ein, weil ich mich mit anderen Golfern vernetzen möchte.

Sobald ich auf Gruppen klicke, erscheint eine Auswahl.

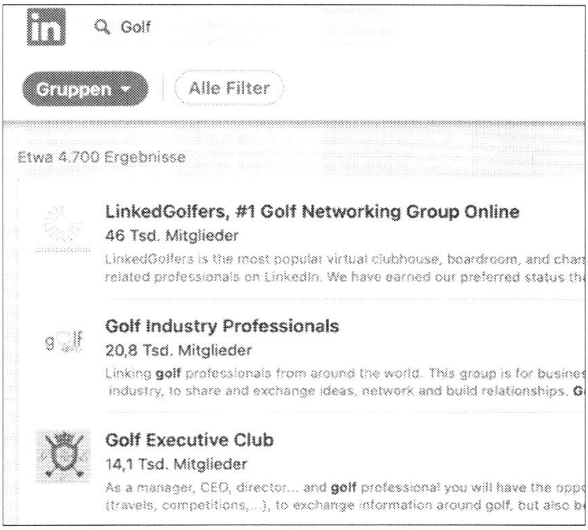

Jetzt kann ich mir die Gruppen anschauen und ihnen beitreten.

Du siehst, Gruppen haben bereits von der Anzahl ihrer Mitglieder ein riesiges Potenzial für dein Netzwerk. Bevor du jetzt loslegst, lies die Gruppenregeln mit sämtlichen Dos and Dont's genau durch. Was generell gilt: Sei kein Spammer, also jemand, der mit der Tür ins Haus fällt und sofort etwas verkaufen will. Das kommt nicht gut an, ist keinesfalls stilvoll und schadet dir und deiner Marke massiv. Kein Moderator oder Admin sieht es gerne, wenn man, kaum in der Gruppe, damit beginnt, das eigene Angebot breitflächig via Postings zu promoten oder wild Mitglieder anzuschreiben, und zwanghaft versucht, ihnen etwas zu verkaufen. Ebensowenig zeugt es von gutem Geschmack, sich wie ein Leadcraper zu benehmen. Ein Leadscraper ist umgangssprachlich wohl am ehesten als Dieb zu beschreiben, und wie du weisst, wird keiner gerne bestohlen. Werbe also keine Kontakte aktiv an, indem du jeden, der bei einem Mitbewerber kommentiert, sofort kontaktierst und ihm direkt sagst, dass du besser bist. Richtig liegst du damit, dich an die Regeln von Social Selling zu halten, die du weiter vorne gelernt hast.

Natürlich gibt es einige elegante Strategien, um Gruppen clever zu nutzen. Ob diese zu dir und deinem Business passen, kann ich pauschal nicht beantworten. Wir können es aber in einem Gespräch herausfinden:
https://janainavonmoos.com/termin-buchen/

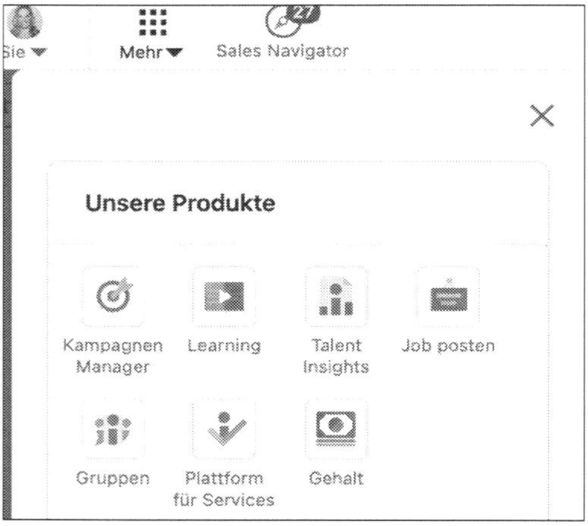

Eine weitere Möglichkeit, um in Gruppen zu expandieren, steht dir mit der Funktion „Mehr" und dem Klick auf Gruppen zur Verfügung. Gleichzeitig findest du beim Button „Mehr" auch sämtliche kostenpflichtige LinkedIn™-Angebote.

Gruppe aktiv als Moderator nutzen

Du kannst auch die Vorteile von LinkedIn™-Gruppen nutzen, indem du selbst eine Gruppe eröffnest. Gruppen anzulegen und damit deine Community ganz gezielt zu informieren, gehört sicher zu den grossen Vorteilen von LinkedIn™. Wenn du eine Gruppe eröffnet hast, müssen unbedingt die Gruppenregeln exakt formuliert werden. Deine Community muss wissen, was erlaubt oder erwünscht ist und was du auf gar keinen Fall in deiner Gruppe haben möchtest. Du bist der Administrator und gibst die Regeln vor. Niemand möchte Mitglied einer Gruppe sein, in der man immer wieder von unseriösen Angeboten belästigt wird. Daher ist es ganz wichtig, dass du deiner Community zuhörst und die Interaktionen nach einem Post von dir ganz genau beobachtest. Schau da wirklich ganz genau hin und reflektiere, welche Fragen deine Gruppe hat, wo ihre

Schmerzpunkte sind oder was sie von dir lernen möchte. Je besser du zuhörst, desto näher bist du an deiner Community dran und umso mehr werden diese Menschen mit dir interagieren und natürlich auch andere Menschen in deine Community einladen. Sie erkennen, dass du für sie da bist und sie von dir sowie durch den von dir gelieferten Mehrwert sehr viel lernen können.

Baue virtuelle Beziehungen auf der Basis des Vertrauens auf, und deine Community wird ständig wachsen.

Kundenbindung

Dadurch, dass Menschen mit deinen Inhalten interagieren können, wann immer es in ihren Tagesablauf passt, bietest du einen 24/7-Service an, der rund um die Uhr angenommen und konsumiert werden kann. So mühsam die Kaltakquise für den Anrufer ist, genauso störend ist es für den Kontaktierten, durch Verkaufsanrufe aus dem Tagesablauf genommen zu werden. Dadurch wird das Tagesgeschäft unterbrochen, und der Angerufene wird aus seinen Gedanken oder einem wichtigen Projekt gerissen. Wenn deine Kunden aber auf LinkedIn™ immer genau dann kommentieren und agieren können, wenn es ihre Zeit erlaubt, sparen beide Seiten Zeit und Nerven, und alles ist viel entspannter. Jeder entscheidet bewusst, wann er wie viel Zeit für etwas aufwendet. Denke nur an dein Verhalten: Bei dir ist das sicher genauso, dass du Content dann konsumierst, wenn es dir zeitlich passt. Durch diese Freiheit nähert man sich an, und es kann ein lockerer virtueller Austausch beginnen. Wenn du eine Dienstleistung anbietest, die für deinen Kunden interessant ist, er dich ausreichend ausgekundschaftet hat, du ihm empfohlen wurdest oder er dir aufgrund deiner Referenzen vertraut, steht einem Abschluss nichts mehr im Wege. Du siehst schon, es müssen viele Komponenten zusammenpassen, um ans Ziel zu kommen. Doch wenn du das richtig aufgebaut hast und es gekonnt einsetzt, geht dein Business durch die Decke.

Richtiger Content

Jetzt stellst du dir sicher die Frage, wie der richtige Content und Mehrwert gestaltet werden sollten. Dazu habe ich drei Tipps für dich.

Sprich die Sprache deiner Kunden.

Du bist Spezialist auf deinem Gebiet, und dein Wissen ist daher sehr gross. Das birgt jedoch die Gefahr, dass du dich zu fachlich ausdrückst und die Menschen dir nicht folgen können. Formuliere daher deinen Content klar und einfach, sodass jeder ihn verstehen kann. Hier gibt es eine Regel: Benutze die Sprache, welcher ein Viertklässler versteht. Klar, das Klientel auf LinkedIn™ ist reifer und erfahrener, dennoch solltest du zu verschachtelte Sätze und eine zu komplizierte Ausdrucksweise vermeiden. Dein Inhalt muss klar und eindeutig rüberkommen, das Leben ist für viele schon kompliziert genug. Es kommt also auf guten und verständlichen Mehrwert in Form von Posts oder Videos an.

Wenn du gerne Fachbegriffe oder Anglizismen benutzt, erkläre diese und stelle so sicher, dass alle deine Aussagen verstehen und davon profitieren. Verständlichkeit ist ein grosser Hebel für den Erfolgsfaktor hier auf LinkedIn™. Überprüfe also kurz, wie du deine letzten Posts geschrieben und formuliert hast.

Sprich die Probleme deiner Kunden direkt an.

Stelle dir immer zuerst die Frage, welche Probleme deiner Kunden du mit deinem Content lösen kannst. Du musst die Schmerzpunkte deiner Kunden ganz genau kennen und ihnen wertvolle Tipps und Tricks an die Hand geben sowie Erkenntnisse und Hilfestellungen bieten. Solltest du befürchten, dein ganzes Pulver zu verschiessen oder, anders gesagt, deine besten Tipps zu veröffentlichen, dann kann ich dich beruhigen. Die Menschen möchten mit der Person zusammenarbeiten, die so viel weiss und wertvolle Informationen verteilt, denn wo das ist, gibt es sicher noch viel mehr. Es gilt also: Je mehr Tipps du gibst, desto besser wird dein Expertenstatus. Meine Erfahrung in diesem Bereich ist, dass immer mehr Leute aus genau diesem Grund zu mir kommen und mit mir arbeiten wollen.

Scheue dich ebenfalls nicht, relevante Beiträge von deinen Mitbewerbern zu teilen. Wenn dir ein Beitrag von einem deiner Mitbewerber auffällt, der auch für deine Community von Vorteil sein könnte, dann teile ihn. Sollten sich Menschen deswegen von dir trennen und einen anderen Weg einschlagen, dann ist das gut so. Kunden, die wegen einem billigeren Angebot zu einem deiner Mitbewerber gehen, gehören sicher nicht zu deiner Zielgruppe. Diese werden immer wieder wechseln, da sie auf Schnäppchenjagd sind. Durch ihr Wegfallen kannst du dich auf die Menschen konzentrieren, für die du der richtige Ansprechpartner und Wegbegleiter bist.

Absolutes „no-go" sind reine Verkaufsposts. Black Friday, 2-für-1-Angebote und Super-Sales haben auf LinkedIn™ nichts verloren und funktionieren auch nicht.

Mein Tipp an dich: Lass es einfach bleiben und konzentriere dich auf die Dinge, die funktionieren. In diesem Buch hast du genug Ideen bekommen, welche deine Sichtbarkeit und Reichweite auf LinkedIn™ massiv stärken werden.

Was auch keinesfalls geht, sind reine Verkaufsnachrichten!

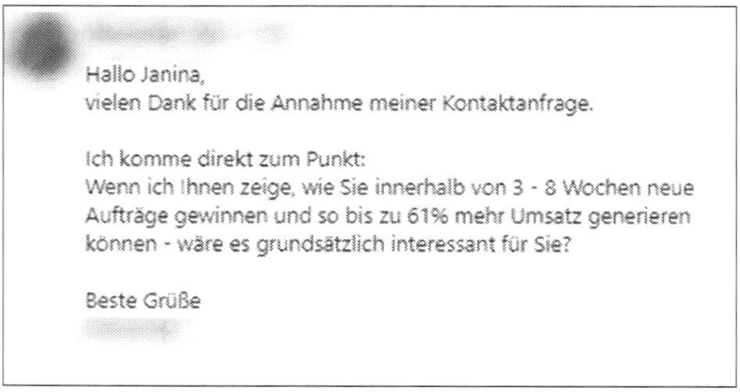
Hallo Janina,
vielen Dank für die Annahme meiner Kontaktanfrage.

Ich komme direkt zum Punkt:
Wenn ich Ihnen zeige, wie Sie innerhalb von 3 - 8 Wochen neue Aufträge gewinnen und so bis zu 61% mehr Umsatz generieren können - wäre es grundsätzlich interessant für Sie?

Beste Grüße

Dieses Thema ist heiss, aber ich bestätige dir nach eigener Erfahrung, dass diese Art von Verkauf nicht funktioniert. Niemand möchte so direkt zum Kauf aufgefordert und damit konfrontiert werden. Selbst die Kunden, die mir das partout nicht glauben wollten und es dennoch ausprobierten, sind sich heute mit mir einig: Es funktioniert nicht.

Kurz zusammengefasst ist bei der Content-Erstellung darauf zu achten, dass der Inhalt wertvoll und hilfreich ist, du deine Kunden da abholst, wo sie stehen, und ihre Probleme mit kostenlosen Tipps, Trends und Hilfestellungen löst. Wenn du diese Tipps beachtest, dann werden sie dein Angebot kaufen. Glaub mir, nur so funktioniert es.

Vertrauen aufbauen

Ein Unterschied zwischen der Off- und der Online-Welt sind die Kontaktpunkte. Während in der Offline-Welt ungefähr fünf bis sieben Kontaktpunkte reichen, sind in der Online-Welt bis zum Geschäftsabschluss sicher zehn bis zwölf Kontakte erforderlich. Das bedeutet, dass es online länger dauert, bis Menschen dir vertrauen. Das ist in Ordnung so, denn der Aufwand ist dabei deutlich geringer. Ich würde sogar behaupten, dass seit 2020, mit dem Beginn einer ganz besonderen Zeit, auch die letzten Barrieren diesbezüglich gefallen sind. So sind inzwischen virtuelle Meetings und Sitzungen ganz normal und gehören zum Geschäftsalltag dazu, was vieles erleichtert.

Ein sehr unterschätzter Bereich, um Vertrauen aufzubauen, ist das Teilen von Meilensteinen und Erfolgen von dir selbst mit deiner Community. Nimm die Community mit auf deine Reise und zeig ihr deine Arbeit. Wenn du neue Büroräumlichkeiten nutzt oder deine Quartalsbuchhaltung positiv abgeschlossen hast, teile das mit ihr. Solltest du dir jetzt denken, dass dies niemanden interessiert, kann ich dir versichern: Menschen sind neugieriger, als du denkst. Nutze also die Möglichkeit, hin und wieder „behind the scenes" zu blicken, und baue dadurch Vertrauen auf. Den Erfolg wirst du an den positiven Reaktionen erkennen.

Tipp:
Bringe Regelmässigkeit in deine Posts und verkaufe niemals direkt mit Kaufaufforderungen; das zerstört das bereits aufgebaute Vertrauen ganz bestimmt. Erstelle dir einen Redaktionsplan, um regelmässig guten Content und solide Inhalte zu posten. Es bringt nichts, zwischendurch fünfmal die Woche zu posten und dann wieder 14 Tage lang nichts. Poste lieber zwei- bis dreimal und dafür gut. Diese Routine solltest du eine Zeit lang durchziehen, damit du am Ende eruieren kannst, ob diese Vorgehensweise für deine Zielgruppe funktioniert. Sei dir immer bewusst, dass LinkedIn™ nur die Eingangstür für deinen Verkaufstrichter ist. Der Verkauf selbst findet niemals auf Social Media statt und schon gar nicht durch eindeutige Verkaufsposts. Dennoch ist es eine gute Vorbereitung darauf, die Leute hier abzuholen und aus Social Media in ein Gespräch oder ein persönliches Meeting zu führen. Das ist das Ziel, welches wir erreichen wollen.

Für die Vereinfachung deiner täglichen Routine auf LinkedIn™ schenke ich dir den Social Selling Aktionsplan. Du findest diesen hier:

https://dieleadrevolution.com/freebie/

Wenn du folgenden 8-Schritte-Plan nach Social Selling befolgst, wird es auch bei dir funktionieren.

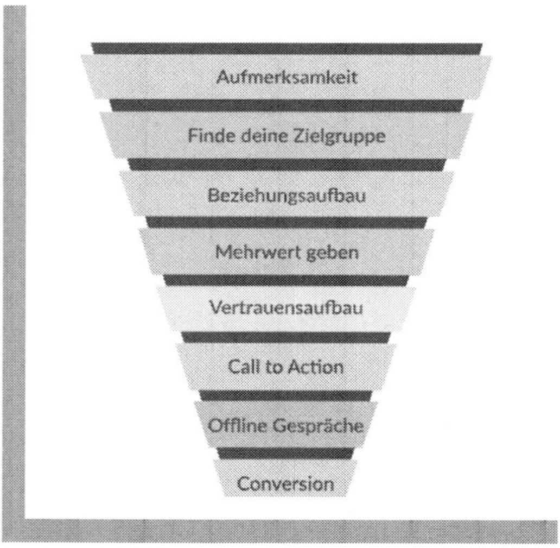

Im Kapitel „Empfehlungen“ haben wir schon über den Social Proof gesprochen. Hier möchte ich noch einmal kurz erwähnen, dass Social Proof ein machtvolles Tool ist, um Vertrauen aufzubauen. Wenn du Referenzen oder positive Reaktionen von deinen Kunden vorweisen kannst, setze sie unbedingt ein.

Ein kurzer Kommentar wie „Danke für deine Hilfe“ oder „Danke für deinen Tipp“ reicht aus. Mach einen Screenshot und poste es. Natürlich nicht, ohne vorher zu überlegen, ob das zu deiner Kommunikation in der Timeline passt. Jedoch solltest du die Macht des Dritten unbedingt nutzen, denn diese ist unglaublich stark.

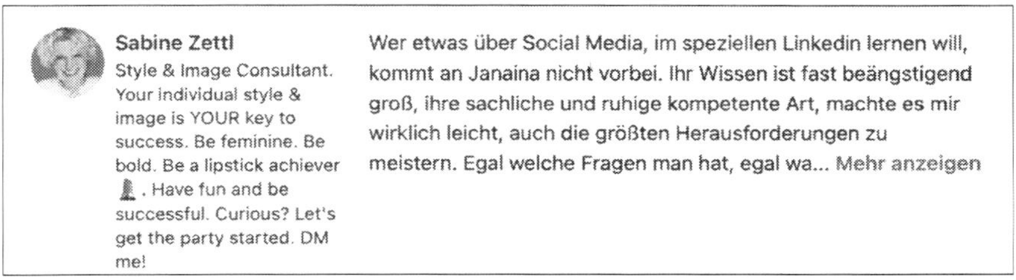

Warum die LinkedIn™-Referenz so mächtig ist, hat einen besonderen Grund. Es geht hier nicht rein darum, was man sagt. Sondern darum, wer es sagt. So siehst du beispielsweise Kilian, der selber vom Fach ist, wodurch seine Aussage nochmals ein ganz anderes Gewicht bekommt. Ebenfalls wertvoll ist, dass ersichtlich ist, wann die Referenz erteilt wurde und in welchem beruflichen Verhältnis die Personen miteinander stehen.

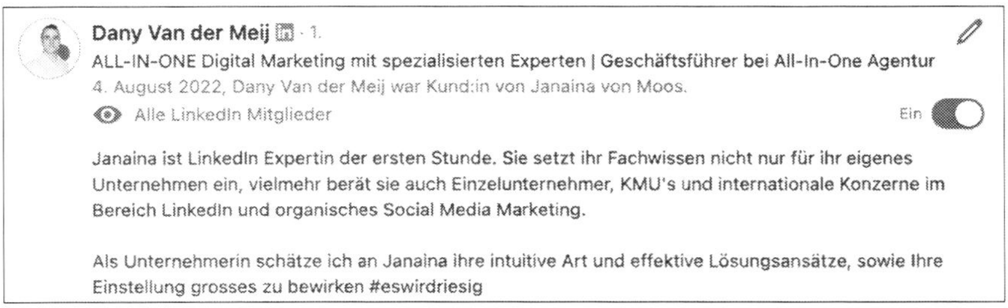

Tipp:
Hol dir fünf Referenzen ein. Erfahrungsgemäss dauert das immer einen Moment, bis du diese zusammen hast, also starte direkt damit.

Weiterer wichtiger Vertrauensaufbau ist deine persönliche Note, dein Wiedererkennungswert in deinen Posts. Nimm dir die Zeit und baue deine Corporate Identity mit ein. Du musst dabei nicht immer selbst zu sehen sein, deine Farben, deine Schriften, dein persönlicher Stil reichen oft schon aus. Zu meiner Marke passt mein Profilbild, und daher verwende ich es auch häufig. Ich bin mir sicher, dass, wenn du meine Corporate Identity ein paar Mal gesehen hast, du mich im Netz immer sofort wiedererkennen wirst. Sie wird dir ins Auge stechen. Entscheide dich, wie du auftreten möchtest, dass die Menschen, besonders in den ersten zehn bis zwölf Kontaktpunkten, dich sofort erkennen und sich immer an dich erinnern. Das ist eine sehr einfache, aber oft unterschätzte Art, um Vertrauen aufzubauen. Hier musst du sicher etwas Zeit investieren, aber sobald der Rahmen besteht und die Art und Weise deines öffentlichen Auftritts klar ist, wird es einfach.

Es ist bewiesen, dass 82 Prozent der Kunden, die bereits einmal von dir gekauft haben, dies wieder tun werden. Die noch bessere Nachricht: Bestandskunden noch einmal zu aktivieren, ist deutlich einfacher, als Neukunden zu akquirieren.

Hier kannst du dir ebenfalls das richtige Social Selling zunutze machen. Nach einer Umfrage auf LinkedIn™ aus dem Jahr 2020 geben sogar 78 Prozent der befragten Menschen an, dafür bereit zu sein, einen höheren Preis zu bezahlen, wenn sie davon überzeugt sind, dass die Qualität stimmt. Im Allgemeinen kann festgestellt werden, dass auf LinkedIn™ eine eher kaufkräftigere Klientel zu finden ist. Unter Berücksichtigung dieser Tatsache wird die Plattform immer interessanter. Noch ein Tipp am Rande: Nutze dafür auch Live-Videos[19] oder persönliche Posts, je nachdem, was zu dir und deiner Marke passt.

Überlege dir also gründlich, wie du die Menschen in deinem Umkreis regelmässig mit guten Inhalten, wertvollen Tipps und hilfreichem Content versorgen kannst, damit sie auch tatsächlich mit dir Kontakt aufnehmen. Frage dich bei jedem

Post nicht nur, ob du die ABC-Methode verwendet hast, sondern ebenfalls, ob die Unique Selling Position (USP), dein Alleinstellungsmerkmal, für deinen Kunden klar erkennbar ist.

Besonders auf LinkedIn™ wird gezielt und wertvoll gepostet, nicht nur, um einfach gesehen zu werden. Der LinkedIn™-User hat keine Zeit dafür, einfach nur mal schnell zwischendurch etwas zu posten. Überlege dir also deine Posts gut und stelle sicher, dass sie dich und deine Marke vorteilhaft repräsentieren. Kontrolliere den Post lieber noch einmal auf Rechtschreibung oder sonstige Fehler, denn dieser Eindruck zählt und bleibt in den Köpfen deiner Leser haften.

Eine Tatsache, die oft unterschätzt wird, ist die, dass die Community deinen Rücken stärkt. Menschen kennen Menschen. Wenn du jetzt mit 100 Menschen vernetzt bist und diese deine Inhalte teilen, kommentieren oder dich sogar hervorheben, dann sehen das auch die Kontake deiner Kontakte usw. Diese sogenannten Kontakte zweiten Grades sind nicht zu unterschätzen, denn Kontakte über Bekannte oder Empfehlungen sind viel einfacher anzubahnen, als komplett bei null zu beginnen.

LinkedIn™ für dein B2B-Marketing nutzen

Der Begriff Business-to-Business, kurz B2B, wurde bereits im Kapitel „Social Selling“ genau erklärt.

Wenn du gute Ergebnisse aus dem B2B-Marketing erzielen möchtest, musst du Inhalte für deine Idealkunden erstellen, die sie als extrem wertvoll empfinden und sogar teilen. Die Beiträge müssen so strukturiert sein, dass deine potenziellen Kunden genau das bekommen, was sie für ihre Problemlösung suchen. Dies schafft Vertrauen in dich und bewirkt, dass aus potenziellen Kunden kauffreudige Kunden werden, die dich gerne weiterempfehlen.

Damit du weisst, worauf du bei deinen Beiträgen achten solltest, habe ich hier drei Tipps für dein LinkedIn™-B2B-Marketing.

1. Planung & Recherche

Themenwahl

Du musst dich mit dem Thema befassen, das deine Idealkunden anspricht. Notiere dir die Keywords, welche sich eindeutig auf deinen Service oder deine Dienstleistungen beziehen. In meinem Fall sind das Social-Media-Kurse, LinkedIn™-Schulungen, Social-Selling-Kurse, Digital Sales und Marketing, B2B-Leadgenerierung, Content-Marketing, 1:1-Kurse, Gruppenkurse, Webinare etc.

Keyword-Recherche

Mit den kostenlosen Tools „Google Keyword Planner“ oder „answerthepublic“, um nur zwei zu nennen, kannst du relevante Keyword-Ausdrücke finden, nach denen potenzielle Kunden suchen. Diese baust du dann in deine Texte ein, was dir eine Idee für dein Content-Thema sowie eine allgemeine Vorstellung davon gibt, wie viele Suchanfragen pro Monat zu diesem Thema durchgeführt werden und auf wieviel Konkurrenz du mit einer bestimmten Keyword-Phrase stösst.

Du kannst Inhalte mit hoher und niedriger Keyword-Konkurrenz erstellen, doch die besten Ergebnisse sind themenrelevante Keywords mit hohen monatlichen Suchanfragen und wenig Konkurrenz.

Ideensuche

Suche auf einer der Social-Media-Plattformen, wie zum Beispiel LinkedIn™, nach deinen ausgewählten Keywords. Damit findest du Ideen für deine Inhalte. Achte besonders auf Beiträge mit viel Engagement, da dies darauf hinweisen kann, dass es sich um ein Thema handelt, welches auch deine Zielkunden interessiert.

LinkedIn™ bietet dir eine gute Möglichkeit, das Netzwerk mit dem vor das Keyword gestellten Hashtag zu durchsuchen. Es werden dir alle Inhalte angezeigt, die mit diesem Hashtag gepostet wurden, und auch, wie viele Mitglieder diesem bestimmten Hashtag folgen.

Welche Fragen stellen deine Interessenten und Kunden?

Es gibt keine bessere Quelle für Inhaltsthemen als die durch deine Interessenten und Kunden gestellten Fragen, Herausforderungen und Bedürfnisse, die sie mit dir teilen. Das beinhaltet Themen, von denen du weisst, dass deine potenziellen und bestehenden Kunden derzeit noch keine ausreichenden Antworten gefunden haben.

Indem du genau die Inhalte bereitstellst, die ihre Probleme oder Herausforderungen lösen, bietet sich dir eine enorme Chance, deine Autorität und Glaubwürdigkeit zu stärken. Darüber hinaus erhalten die dir noch unbekannten Personen die Möglichkeit, deine Inhalte zu finden und dich als kompetente Ressource für die potenzielle Lösung ihres Problems zu betrachten.

Wähle das Inhaltsformat

Sobald du eine ansprechende Themenliste hast, musst du dich für ein Inhaltsformat entscheiden, welches sich sowohl für deine Zielgruppe als auch für das Thema eignet. Ich empfehle dir, mit den Inhaltsformaten zu spielen und dich abwechslungsreich zu sein, damit es deinen Followern nicht langweilig wird.

Eine sehr gute Möglichkeit ist das Arbeiten mit Videos.

Hier gibt es mehrere Möglichkeiten, deine Botschaft zu präsentieren. Zum einen nimmst du ein Video auf und postest es in deinem Feed, oder aber du wählst die Variante eines Live-Videos. Meine Empfehlung an dieser Stelle: Geh immer wieder einmal live, denn der Algorithmus liebt es, und deine Reichweite wird dadurch immer grösser.

Bei einer klassischen Schritt-für-Schritt-Anleitung ist ein Video perfekt geeignet, denn dein Zuschauer kann dadurch sein Problem selbst ganz einfach lösen. Deine klare Anleitung ist durch ein Video zusätzlich aussagekräftiger als ein geschriebener Artikel.

Kurze, knackige Inputs und wichtige Informationen kommen live sehr gut an. Um auf LinkedIn™ Live-Broadcaster zu werden, sind im Vorfeld einige Schritte erforderlich.

Zuerst musst du einen Antrag stellen, und sobald du eine entsprechende Genehmigung erhalten hast, sind LinkedIn™-Live-Videos möglich.

Diese kannst du unter https://www.linkedin.com/help/linkedin/ask/lv-app ganz einfach beantragen. Wenn der Antrag genehmigt wurde, wirst du per E-Mail und In-App-Benachrichtigung informiert.

Der nächste Schritt gilt der Auswahl eines Streaming-Tools. Du kannst dich dabei zwischen Streaming-Tools von Drittanbietern oder durch einen eigenen Stream (RTMP) entscheiden. Achte dabei sehr darauf, dass dieses Tool DEINEN Anforderungen entspricht.

Hier einige Vorschläge von Drittanbietern:[20]

www.restream.io

www.streamyard.com

www.easylive.io

www.switcherstudio.com

www.brandlive.com

Für genauere Informationen suche nach „LinkedIn™ Live Video Übertragung“ oder schau unter: [21]

Eine andere Art, deinen Kunden Content zu liefern, ist das Verfassen eines Artikels mit detaillierten Screenshots, in dem genau nachvollziehbar ist, wie das gewünschte Ziel erreicht werden kann.

Recherchiere dein Thema

Bevor du deine Inhalte erstellst, musst du sicherstellen, dass du das vollständige und aktuellste Wissen zu diesem Thema besitzt.

Selbst wenn du das Thema gut kennst, solltest du nach relevanten Statistiken oder Branchentrends googeln und diese in deinen Beitrag einbauen.

Mit einem oder mehreren themenorientierten Keywords kannst du nach aktuellen Inhalten von Branchenexperten suchen. Ferner kannst du dich auch mit relevanten Social-Media-Websites und verschiedenen, von Experten erhaltenen Newslettern auf dem neuesten Stand halten.

2. Inhalt schreiben

Wenn du mit dem Schreiben von Content beginnst, stell sicher, dass du diesen auf deine Zielgruppe ausrichtest. Damit dein Beitrag wirklich anspricht und sie mit dir in Kontakt tritt, vergewissere dich, dass du ihre Sprache sprichst und die optimale Lösung für ihre Probleme und Herausforderungen bietest.

Hier einige spezifische Tipps zum Schreiben ansprechender Inhalte:

Schlagkräftige Überschrift/Titel

Das Erste, was die Leute sehen, ist die Schlagzeile/Titel deines Blogposts.

Diese bestimmt, ob Personen tatsächlich auf deinen Artikel klicken, um ihn zu lesen. Deine Zielgruppe muss anhand des von dir gewählten Titels eine klare Vorstellung haben, worum es in deinem Blogbeitrag geht und ob sie davon profitieren kann.

Arbeite mit Untertiteln

Untertitel in grösserer und fett gedruckter Schrift geben den Lesern einen entscheidenden visuellen Hinweis auf das, was sie in einem bestimmten Abschnitt erwarten können. Dies hilft ihnen, deinen Artikel schnell zu überfliegen und die Informationen zu finden, an denen sie besonders interessiert sind. Die meisten Leute überfliegen einen Blogbeitrag, bevor sie sich entscheiden, ihn zu lesen.

Schreibe kurze Absätze

Absätze in Blogbeiträgen sollten kurz gehalten werden. Idealerweise sollte dein Beitrag in Paragrafen von zwei bis drei Zeilen oder ungefähr 75 bis 100 Wörter aufgeteilt werden.

Warum ist das wichtig? Laut einer Analyse von Nielsen Norman Group, einem Weltmarktführer der forschungsbasierten Benutzererfahrung, lesen nur 16 Prozent der Menschen Webseiten wortwörtlich.

Viele lesen deine Posts auf ihrem Handy, und lange, schwerfällige Abschnitte sind ermüdend. Kurze Absätze machen es Lesern leicht, deinen Beitrag schnell zu überfliegen und zu entscheiden, ob sie ihn lesen möchten.

Füge Bilder ein

Mit dem Einbinden von visuellen Elementen wird dein grossartiger Beitrag noch besser! Bilder erzeugen nicht nur einen Anziehungspunkt, sondern sind eine ideale Möglichkeit, um Texte aufzulockern. Laut Forbes, einer der weltweiten Top-Influencer, erhalten Artikel mit Bildern 94 Prozent mehr Views.

Es gibt viele verschiedene Arten von Bildinhalten, die nicht schwer oder zeitraubend zu erstellen sind. Häufig funktioniert ein simpler Screenshot, vor allem, wenn dein Beitrag anweisungsbezogen ist.

Beachte hier aber, dass eigene und persönliche Bilder ein höheres Engagement bringen als Stockbilder.

Verwende Aufzählungspunkte und Listen

Aufzählungspunkte und Listen sind eine hervorragende Möglichkeit, deinen Text aufzuteilen und aufzulockern.

Link zu anderen wertvollen Ressourcen

Mit dem Einbauen eines Links kannst du auf einfache Weise zusätzliche Ressourcen zu einem Thema oder einer Idee bereitstellen. Dadurch wird dein Beitrag nicht zu lang und bleibt einfach zu lesen. So kannst du einen kurzen Überblick zu einem Thema oder einer Idee geben, also genau das, was die meisten Menschen wollen. Wenn sich einer deiner Leser tiefer mit diesem Thema/dieser Idee befassen möchte, kann er schnell und einfach auf die umfassende Information zugreifen.

Beachte, dass das Wegverlinken auf jeder Social-Media-Plattform mit Verlust der Reichweite bestraft wird. Sämtliche Algorithmen mögen es nicht, wenn Follower dazu animiert werden, die Plattform zu verlassen. In manchen Fällen ist es unausweichlich, zum Beispiel für eine Webinar-Anmeldung oder Ähnliches.

Überlege dir gründlich, ob dieser Link sinnvoll und vor allem notwendig ist, bevor du ihn einsetzt.

Füge einen Call-to-Action hinzu

An das Ende deines Posts gehört immer ein kurzer, geeigneter Call-to-Action. Wenn du dies nicht tust, werden die meisten deiner Leser nichts unternehmen, und du verpasst eine einmalige Gelegenheit!

Ein Call-to-Action kann so einfach sein wie das Bitten um einen Kommentar oder das Teilen deines Beitrags. Er kann auch komplexer sein, indem du deinen Leser lockst, sich für ein kostenloses Training anzumelden oder sich bei jedem neuen Social-Media-Beitrag benachrichtigen zu lassen.

Dein Aufruf zum Handeln sollte für jeden Beitrag unterschiedlich sein, abhängig von deinem Thema.

Prüfe deinen Inhalt auf Fehler

Dies ist ein sehr wichtiger Punkt. Damit du alle stilistischen, grammatikalischen und Rechtschreibfehler ausmerzen kannst, solltest du deinen Beitrag mindestens von einem Menschen oder, noch besser, mehreren Personen prüfen lassen. Fehler können deine Autorität und Glaubwürdigkeit verringern.

Wie poste ich meinen ersten Beitrag auf LinkedIn™?

Wenn du bei LinkedIn™ auf die Startseite kommst, sieht es bei dir so aus:

Du kannst direkt deinen Beitrag reinschreiben, ein Foto oder Video hochladen oder auch einen Artikel veröffentlichen. Um rasch herauszufinden, welche Inhalte deiner Zielgruppe und Community besonders gut gefallen, würde ich mit Beiträgen starten. Ein weit verbreiteter Fehler, ist, dass die Leute denken, man müsse das Rad immer neu erfinden. Deine Community und schlussendlich auch die Käufer wollen nämlich „more of the same". Keine Sorge: Ins Thema Content Marketing werden wir in diesem Buch noch vertieft einsteigen.

Tipp: Nie Text ohne Bild

Ein Fehler, der mir bei Social-Media-Anfängern häufig begegnet, sind gute Texte ohne Bild. Bilder sind unheimlich wichtig für die Aufmerksamkeit. In der heute vorherrschenden Informationsflut geht dein reiner Text unter, auch wenn er noch so gut ist.

Tipp: Beiträge vorschreiben und dann kopieren

Ich empfehle dir, deine Beiträge immer auf Word oder Pages vorzuschreiben, durch die Rechtschreibprüfung zu jagen und sie dann mit copy-paste auf LinkedIn™ zu veröffentlichen. Dies erspart dir peinliche Fehler; selbst hat mich das übrigens gerade als Schweizerin schon oft gerettet. Dennoch schleichen sich manchmal Fehler ein, auch bei mir. Wichtig ist einfach, das Bestmögliche zu tun; der Rest ist menschlich.

Du fragst dich jetzt vielleicht: Was ist der Unterschied zwischen Beitrag und Artikel? Grundsätzlich sind beide Content-Beiträge in geschriebener Form.

Der Beitrag ist in der Regel kürzer und wird für die sofortige Interaktion mit der Zielgruppe genutzt. Auf die Zeichenlänge gehe ich bewusst nicht ein, weil sich diese in den vergangenen Jahren immer wieder gewandelt hat.

Artikel auf LinkedIn™ schreiben

Dort, wo du den Beitrag beginnen würdest, kannst du unten rechts „Artikel schreiben" auswählen. Dann öffnet sich ein Fenster, das so aussieht:

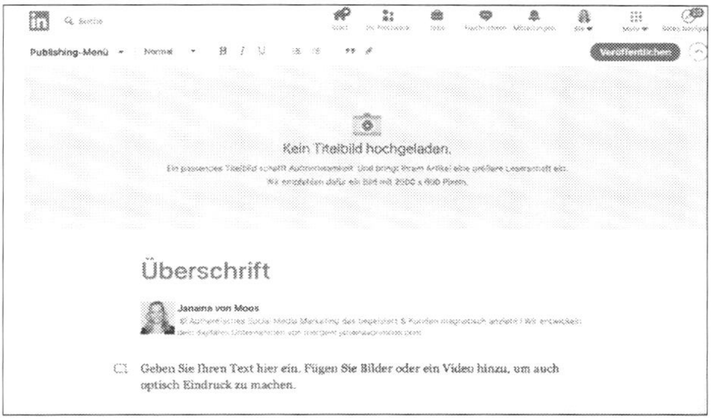

Der Artikel kommt einem Blogbeitrag sehr nahe und hat zum Ziel, etwas tiefgründiger und ausführlicher seine Expertise darstellen zu können. Er ist eher als Nachschlagewerk gedacht und dient nicht zur sofortigen Interaktionssteigerung auf LinkedIn™. Hier empfiehlt es sich, einen Umfang an mindestens 2500 Wörtern zu platzieren.

Ein Artikel von mir, der bis heute vorne auf Google rankt, findest du hier:
https://www.linkedin.com/pulse/wie-man-auf-linkedin-den-text-fett-oder-kursiv-macht-janaina-von-moos/

Oder du gibst es einfach ein:

Wie man auf LinkedIn den Text fett oder kursiv macht.

Wenn der Artikel hilfreich für dich war, freue ich mich selbstverständlich über einen Kommentar.

Tipp: Artikel für Suchmaschinen optimieren

Das Geniale an Artikeln ist, dass du sie wie einen Blog für Suchmaschinen mit den richtigen Keywords optimieren kannst. Ebenfalls ist es hier möglich, mit H1-/H2-Titeln usw. zu arbeiten. Genau das empfehle ich dir zu tun.

3. SEO-Optimierung

Wenn du deine Inhalte nicht SEO-optimierst, verpasst du eine enorme Chance für den organischen Traffic auf deiner Webseite.

Die meisten Online-Erlebnisse beginnen mit einer Suchmaschine, und Google ist mit fast 75 Prozent der Marktführer. Die ersten fünf Ergebnisse einer Google-Suche erzielen 67,60 Prozent aller Klicks, was die Suchmaschinenoptimierung entscheidend macht.

Wie du bereits weisst, gilt es zu wissen, welche Keywords für deinen Inhalt am besten geeignet sind. Diese Recherche wird vor dem Schreiben mit dem Google Keyword Planner durchgeführt.

Nachfolgend findest du einige der wichtigsten SEO-Faktoren, die du beim Erstellen von Inhalten berücksichtigen musst.

Schreibe Beiträge mit 1500 bis 2000 Wörtern

Heutzutage erweisen sich kurze Beiträge mit 300 bis 500 Wörtern als suboptimal. Google liebt ausführliche und tiefgreifende Inhalte. Unter den Top-Rankings wirst du auf Google nie einen kurzen Artikel finden.

Inhalte mit 1500 bis 2000 (oder mehr) Wörtern verbessern dein Google-Such-Ranking, sofern dein Content qualitativ hochwertig und natürlich SEO-optimiert ist.

Füge deine Keywords in den Artikeltitel ein

Der Titel ist der wichtigste Ort, an dem du Keywords in deinen Beitrag einbauen kannst.

Obwohl das Keyword im Titel relevant ist, ist es noch wichtiger, dass der Titel für die Leser sinnvoll ist und Interesse weckt. Es sind Menschen, die deine Inhalte lesen, keine Suchmaschinen.

Füge deine Keywords in deine Untertitel ein (H2, H3)

Es ist wichtig, dass du deine Keywords in deine Untertitel einbaust, auch als H2- und H3-Header bezeichnet. Versuche, mindestens in einem H2-Header dein Keyword hinzuzufügen. Aber achte darauf, dass es Sinn macht, denn Keywords dürfen nicht als Füllmaterial verwendet werden.

Verwende Keywords in deinem Beitrag

Baue deine Keywords auch im Artikel ein, aber pass auch hier auf, dass es für den Leser sinnvoll ist und der Abschnitt leicht zu lesen bleibt und verständlich ist.

Binde die Keywords in den ersten und letzten Absatz deines Beitrags ein. Versuche auch, einen Teil der Keywords mit einem anderen relevanten Blog-Eintrag auf deiner Website zu verknüpfen.

Wie du mit LinkedIn™ die Sichtbarkeit erhöhst

Ein Grund, warum ich diese Plattform so liebe, ist das Niveau der Kommunikation auf LinkedIn™. Wie du diese Tatsache optimal für deine Sichtbarkeit nutzen kannst, werde ich dir in diesem Kapitel kurz erklären. Wenn du auf LinkedIn™ noch neu bist und du dich erst seit Kurzem hier angemeldet hast, achte ganz besonders darauf und starte direkt zu Beginn richtig. Vielleicht hast du dir schon vor Jahren einmal ein Profil angelegt, doch das ist mittlerweile verstaubt, weil es nie benutzt wurde.

In beiden Fällen solltest du dein Profil aktualisieren, und zwar so, dass es einladend und ansprechend wirkt. Bei jedem, der dein Profil sieht, sollte ein Gefühl von Sympathie und Zuneigung hochkommen. Stelle sicher, dass dein Profil in Topform ist. Wenn dein Profil schon älter ist, hast du sicher schon einige Kontakte angenommen oder beliebig Anfragen zum Vernetzen versendet. Mit diesen Personen warst du aber noch nie im direkten Austausch, weshalb ich dir empfehle, deine Kontaktliste aufzuräumen. Prüfe, mit wem du wirklich im Dialog warst und wer auch jetzt noch zu dir passt.

Wenn du später Sichtbarkeit haben möchtest, sollte das Verhältnis der Interaktionen mit dem deiner Follower übereinstimmen.

Also miste grosszügig aus und starte dann damit, dein Netzwerk wieder zu aktivieren. Beginne Dialoge, um deine Inhalte sichtbar zu machen. Beginne Posts und regelmässige Status-Updates zu teilen, denn LinkedIn™ sieht es sehr gerne, wenn du native Content erstellst, also Inhalte, die eigens für diese Plattform produziert wurden. Spiele hier mit den unterschiedlichen Formaten; vor allem die von LinkedIn™ selbst solltest du auf jeden Fall nutzen. Interagiere auch in den Gruppen; eine hervorragende Möglichkeit zur

Sichtbarkeit. Und nutze nicht zuletzt unbedingt die Live-Funktion, die du bei LinkedIn™ beantragen kannst.

Diese Tipps verhelfen dir bestimmt zu mehr Sichtbarkeit. Probiere es einfach aus.

1. Wähle die richtigen Themen

LinkedIn™ ist nach wie vor in erster Linie ein Business-Netzwerk. Aus diesem Grund solltest du Themen wählen, die in beruflichen bzw. professionellen Kontext stehen. Für Postings über dein Mittagessen etc. ist LinkedIn™ die falsche Plattform.

Das solltest du bei der Themenauswahl beachten

Überlege dir vorab, was du mit deinen Inhalten auf LinkedIn™ erreichen möchtest und passe deine Inhalte daran an. Möchtest du einen Expertenstatus in deinem Fachgebiet aufbauen? Dein Netzwerk über deine berufliche und persönliche Entwicklung auf dem Laufenden halten?

Was interessiert dein Netzwerk? Beobachte, mit welchen Inhalten deine Kontakte interagieren. Finde heraus, welche Fragen sie aktuell beschäftigen und vor welchen Herausforderungen sie gerade stehen, usw. Darauf baust du dann deine Strategie auf.

Deine Texte sollen professionell wirken und nicht zu „trocken". Sie sollten sich von der Post-Flut abheben und interessant zu lesen sein. Ein kleiner Tipp am Rande: Ein bisschen Humor schadet sicherlich nicht.

Bei der Themenwahl scheitern viele meiner Kunden immer wieder, und sie tun sich zu Beginn schwer. Hier kann ich dir die LinkedIn™ Turbochallenge empfehlen, die du hier findest:
www.turbochallenge.ch

2. Qualitativ hochwertiger Content

Bevor du deine Postings erstellst, solltest du dir immer diese Fragen stellen:

Würde ich meinen geplanten Inhalt wertvoll finden, wenn ich ihn in meinem eigenen Feed sehen würde?

Ja? Dann frag dich, wie du deinen Content noch besser aufbereiten kannst, damit er dein Netzwerk bestmöglich anspricht.

Nein? Kannst du deine geplanten Inhalte in einen spannenden Kontext setzen oder vielleicht kritisch hinterfragen? So wird das Ganze spannender.

Was zeichnet am Ende des Tages qualitativ hochwertigen Content aus? Er sollte deine Zielgruppe interessieren und Mehrwert liefern. Hierfür eignen sich am besten:

1. Tipps und Tricks
2. Erfahrungsberichte
3. Lesenswerte Zitate
4. Best Practice Anleitungen
5. Hochwertige und informative Bilder und Videos

Die Auswahl ist gross, und alles, was eine Diskussion anregt, ist gut. Sag deine Meinung, stelle Fragen, mache Umfragen oder sprich Personen direkt an.

Tipp:
Achte bei deinen Postings auf das richtige Verhältnis von eigenem Content, der nicht wegleitet, und solchem mit externen Links. Hier gilt als Faustregel: 90 Prozent eigener Content ohne Weiterleitung und 10 Prozent Content mit externen Links.

3. Teste verschiedene Uhrzeiten und unregelmässige Abstände für deine Posts – nutze aber trotzdem die Stosszeiten

LinkedIn™ liebt „natürliche" Social-Media-Strategien, was bedeutet, dass du nicht jeden Tag zur gleichen Uhrzeit einen Post veröffentlichen solltest. Das kann nämlich irgendwann dazu führen, dass deine Reichweite eingeschränkt wird. Durch gezielte Analysen kannst du feststellen, zu welchen Zeiten deine Beiträge am schnellsten die höchste Interaktion erhalten. Generell gelten die Zeiträume von 8:00 bis 12:00 Uhr und von 16:00 bis 18:00 Uhr als sehr gute Zeiten, um LinkedIn™-Beiträge zu posten.

Überfordere dein Netzwerk aber bitte nicht. Denn wer sich von deinen Postings genervt fühlt, klickt auf „Diesen Beitrag verstecken", was wiederum natürlich eine negative Auswirkung auf die Relevanz deines Contents hat.

4. Hashtags & Erwähnungen

Hashtags (#) erfüllen auf LinkedIn™ den gleichen Zweck wie auf allen anderen Social-Media-Plattformen. Sie ordnen deinen Post bestimmten Kategorien zu und helfen den Nutzern dabei, Content zu filtern. Sie sorgen also zusätzlich dafür, dass die Texte von einer grossen Zielgruppe gefunden werden.

Nischenthemen werden vom Algorithmus priorisiert. Deshalb solltest du auch bei Hashtags darauf achten, eher spezifische denn universeller Begriffe zu verwenden.

Nutze zum Beispiel statt

#marketing besser #performancemarketing

Ausserdem solltest du auf LinkedIn™ nicht zu viele Hashtags verwenden. Hier gilt Klasse statt Masse. Texte sollen sich immer noch flüssig lesen lassen, und am besten wirken sie am Ende deines Postings.

Zusätzlich kannst du deine Reichweite durch Erwähnungen erhöhen und Personen oder Unternehmen einfach mit in deine Beiträge integrieren.

@Nutzername oder @Unternehmensname

Diese werden per Benachrichtigung automatisch darüber informiert. Das bedeutet, dass du besser gesehen wirst, deine Posts vielleicht sogar geteilt werden und sich unter ihnen spannende Fachdiskussionen, sogenannte Peer to Peer Discussions, entspinnen können. So steigert sich automatisch deine Reichweite, wobei auch hier gilt, dass weniger mehr ist; also markiere nicht willkürlich deine Kontakte.

5. Netzwerk strategisch erweitern

Wenn ich von der Erweiterung des Netzwerkes spreche, meine ich nicht wahlloses Versenden von Kontaktanfragen. Filtere Kontakte nach Interessen, Jobpositionen etc., um Überschneidungen mit dir festzustellen und einen Austausch zu „rechtfertigen“.

So kannst du die richtigen Kontakte aus deiner Zielgruppe finden:

- Trete relevanten LinkedIn™-Gruppen bei, liefere dort Mehrwert und interagiere.
- Pflege dein LinkedIn™-Profil und halte es up to date. Dein Profil gleicht dem ersten Eindruck, den du bei deinem Gegenüber hinterlässt.
- Finde relevante Inhalte für deine Branche und interagiere.
- Qualität statt Quantität. Nimm nicht jede Kontaktanfrage an und selektiere bereits hier. Entscheide individuell, ob der- oder diejenige in dein Netzwerk passt.

6. Sprich dein Netzwerk emotional an.

Nur weil du dich auf LinkedIn™ in erster Linie professionell präsentierst, schliesst das eine humorvolle und emotionale Ansprache in deinen Postings nicht aus. Nach dem Motto „Es darf auch gelacht werden" findet auch auf LinkedIn™ eine Kommunikation zwischen Menschen statt, und Menschen haben nun mal Emotionen. Du darfst, nein solltest, deinen persönlichen Stil in deinen Content unbedingt einfliessen lassen.

Authentizität ist auch hier der Schlüssel. Schreibe also Beiträge über Themen, die dich inspirieren, berühren, interessieren oder vielleicht sogar wütend machen. Rede über Themen, die dich wirklich bewegen, und finde eine für dich gute Mischung, die deine Persönlichkeit nicht zu kurz kommen lässt. Dann kommt der Erfolg von ganz alleine. Versprochen.

Wenn du diese sechs Schritte für dich implementierst, wirst du mit deinen Beiträgen auf LinkedIn™ viel sichtbarer und bist nicht mehr aufzuhalten.

Unterschiedliche Wege, um Neukunden aus LinkedIn™ zu generieren

Damit du Neukunden gewinnst, braucht es eine gewisse seriöse Vorbereitung, die dafür sorgt, dass sie ins Laufen kommt.

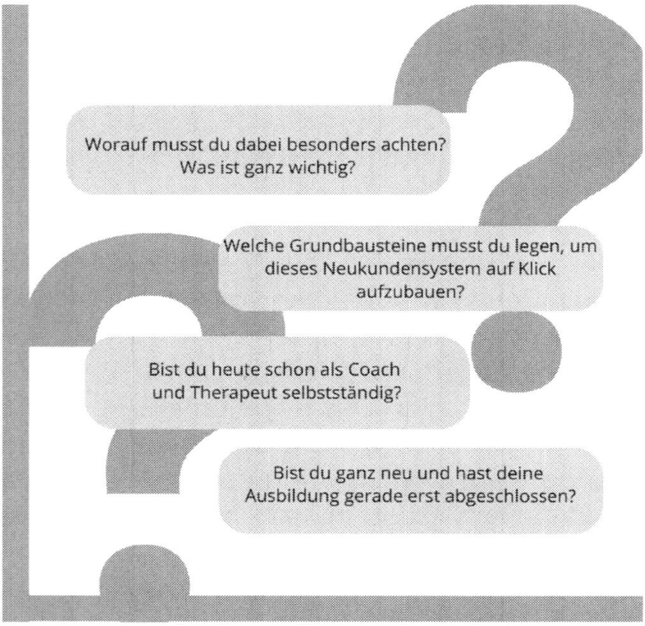

Das sind ganz wichtige zentrale Fragen, die du dir erst mal stellen solltest.

Wenn du schon selbstständig bist, dein Business läuft und du dich dafür entscheidest, Online-Kunden auf Klick zu generieren, dann kannst du mit einem Zeitrahmen von drei bis sechs Monaten rechnen, bis die Automationen anläuft.

Wenn du aber heute noch gar nicht selbstständig bist oder gerade erst angefangen hast, musst du mindestens sechs bis zwölf Monate einplanen, um die Struktur aufzubauen.

Bonus-Tipp: Wie du auf LinkedIn™ den Text fett oder kursiv schreibst

Es ist schon lange kein Geheimnis mehr, dass LinkedIn™ eine professionelle Plattform ist, die einfach und übersichtlich gestaltet werden soll. Wenn du also etwas hervorheben willst, funktioniert das mit Emojis, jedoch nicht in **fett** oder *kursiv*.

Aber ist das wirklich so?

Nein! Auch auf LinkedIn™ können Wörter fett und kursiv hervorgehoben werden. Als ich das herausgefunden habe, war es für mich, als hätte ich den heiligen Gral entdeckt!

Jetzt fragst du dich sicher, wie das geht. Das möchte ich dir mit diesem Artikel erklären.

Schritt 1:

Tippe „Unicode Text" oder „Unicode Text Converter" in deine Suchmaschine. Es werden bestimmt ganz viele Seiten angezeigt, doch es kommt nicht darauf an, welchen Converter du wählst. Ich habe mich für folgenden entschieden:

Schritt 2:

Auf der von dir angewählten Seite findest du oben die „Suchfunktion" (siehe Bild unten).

Schreibe dort einfach das Wort rein, welches du in fett oder kursiv willst, und drücke auf „SHOW".

Schritt 3:

Es werden dir viele verschiedene Schriftarten angezeigt, die du jetzt ganz einfach kopieren kannst.

Schritt 4:

Kopiere den gewünschten Text und füge ihn einfach in deinen Status oder Post ein. Das war schon die ganze Zauberei. Es ist wirklich nicht mehr als Copy/Paste.

Kleiner Hinweis am Rande:

Mal etwas fett hervorzuheben, kann ganz nützlich sein, aber bitte übertreibe es nicht mit deiner Kreativität. LinkedIn™ ist noch immer eine professionelle Business-Network-Plattform. Halte dein Profil weiterhin einfach und clean. Wichtig ist auch zu wissen, dass der Unicode-Text mehr Zeichen benötigt als der tatsächliche Standardtext.

Werde dir zu Beginn klar, wo du im Augenblick stehst.

Hier sind ein paar Fragen, die dir bei der Antwort helfen sollen:

- Hast du eine klare Zielgruppe definiert? Du musst deinen Kunden besser kennen als er sich selbst. Welche Bücher liest er? Wohin reist er? Mit wem tauscht er sich aus? Wie ernährt er sich? Je genauer du deinen Kunden kennst, desto zielgerichteter kannst du deine Werbung aufbauen.

- Weisst du, welche Social-Media-Kanäle für dich relevant sind? Weisst du auch, wo du deine Leute im Netz findest? Sind sie überhaupt auf LinkedIn™ vertreten oder vielleicht ein älteres Semester, das es dort gar nicht gibt? Läuft es noch über den klassischen Ortsverein? Wenn du einen Turnverein für Senioren hast, dann wirst du diese nicht auf LinkedIn™ finden. Oder hast du eine junge Zielgruppe, die nur auf Instagram™ unterwegs ist?

- Ist deine Online-Kommunikation auf deine Zielgruppe ausgerichtet? Damit meine ich nicht nur Social Media, sondern auch deine Homepage. Es ist ganz wichtig, dass dein Auftritt privat und geschäftlich deckungsgleich, also kongruent, ist.

- Weisst du, wie du mit organischen Möglichkeiten wirklich zu deinen Kunden kommst? Weisst du, wie du Reichweite erzielst?

- Hast du bereits ein Produkt oder eine Dienstleistung, das oder die du verkaufen möchtest? Oder hast du ganz viele Ideen, aber weisst nicht, wo du anfangen sollst?

- Stehst du noch am Anfang, wo du noch deinen Erstentwurf mit einer Beta-Gruppe testest oder bei den ersten Einzelcoachings bist, um Feedback zu bekommen? Hast du schon ein Produkt, das offline sehr gut funktioniert, und jetzt geht es nur noch darum, es online am richtigen Ort zu vermarkten?

- Generierst du bereits Kunden aus organischer Reichweite?

- Weisst du, wie man eine effiziente Werbekampagne schaltet? Weisst du, worauf du achten musst? Manchmal reicht eine kleine Veränderung im Text oder ein anderes Bild schon aus, um ein völlig anderes Resultat zu erzielen. Das musst du testen, damit du dein Geld nicht zum Fenster rauswirfst.

- Betreibst du effizientes E-Mail-Marketing? Nutzt du E-Mail-Marketing, um Kunden zu generieren, oder nur für Re-Marketing-Aktionen? E-Mail-Marketing ist auf jeden Fall ein wichtiges Instrument, wenn es darum geht, Kunden per Klick zu generieren. Auch da musst du überprüfen, wie viele Kunden du über E-Mail-Marketing gewinnst. Wie oft mailst du und was kommt dabei heraus? Melden sich mehr Leute aus der Liste ab als sich anmelden?

Das sind ganz viele Fragen, die du dir stellen musst, damit du alle Bereiche optimieren kannst.

Beginne Schritt für Schritt damit und teile dein Know-how und deine Erfahrungen sowie vielleicht auch die Fehler, die du gemacht hast und so nicht mehr machen würdest, oder richtig gute Tricks und Tipps mit der Community. So profitieren alle von deinen Erfahrungen.

LinkedIn™-Knigge

Do's

- Sende nur personalisierte Kontaktanfragen.
- Vervollständige dein Profil, bevor du aktiv wirst.
- Schreibe Personen immer mit Namen an (Vor- oder Nachname je nach bevorzugter Kommunikationsart).
- Achte auf deutlich professionelleren Umgang als bei anderen Plattformen.
- Antworte innerhalb von 24 Stunden auf die Nachrichten in deiner Inbox.
- Interagiere zeitnah auf Kommentare und Interaktionen deiner Community.
- Analysiere, wer sich dein Profil angesehen hat.
- Nutze Hashtags.
- Gib viel Mehrwert.

Dont's

- Sende keine Spam-Nachrichten oder plumpe Verkaufsnachrichten direkt nach der Kontaktannahme.
- Agiere niemals wie ein Roboter (Copy/Paste-Nachrichten versenden oder wie wild alles durchliken) .
- Like keine Beiträge und Diskussionen, die deiner Marke schaden.
- Füge niemals die E-Mails von LinkedIn™ deiner Newsletterliste hinzu. Dies verstösst gegen die DSGVO.

Ja, du hast richtig gelesen. Man kann auf LinkedIn™ die Daten in eine CSV-Datei exportieren. Das kann dir die Arbeit in manchen Dingen zwar vereinfachen, du darfst die Daten jedoch aufgrund des Datenschutzes nicht weiter verwenden. Halte dich bitte strikt daran, denn es kann dich sonst teuer zu stehen kommen.

Wie du das machst, zeige ich dir detailliert auf meinem YouTube™-Kanal.

Auf YouTube™ habe ich eine kleine Playlist zum Thema LinkedIn™. Gerne kannst du den Kanal abonnieren, in Zukunft wird es bestimmt noch mehr Content geben.

DO'S

- Sei immer Up2Date
- Like Beiträge anderer Kontakte
- Interagiere in für dich interessanten Gruppen
- Poste Mehrwert und hilfreiche Inhalte
- Bestätige Fähigkeiten von Mitbewerbern
- Reagiere auf Nachrichten innerhalb weniger Tage

DON'TS

- Poste nicht zu viel
- Vermeide Rechtschreibfehler
- Keine Kinderfotos oder Essensposts
- Keine reinen Verkaufsposts
- Keine Verkaufsnachrichten an Menschen, die du nicht kennst
- Unpersönliche Kontaktanfragen

Facebook™ versus LinkedIn™ - Gruppe

Auf Fragen wie

gehe ich in diesem Kapitel ausführlich ein.

Mich begeistert die Dynamik beider Gruppen. Mein Tipp jedoch ist, dass du auf der Plattform deine Gruppe erstellen solltest, auf der du dich wohlfühlst und auf der sich deine Kunden bewegen. Es macht wenig Sinn, wenn du eine LinkedIn™-Gruppe hast und deine Kunden sich auf Facebook™ tummel, oder umgekehrt.

Beide Gruppen können durch einen Administrator gesteuert werden. Das bedeutet, dass der Admin entscheiden kann, welche Inhalte freigegeben werden und wer der Gruppe beitreten darf. Der Admin kann bei beiden Plattformen zulassen, dass auch die Gruppenmitglieder aktiv Inhalte in die

Gruppe stellen können. Je nachdem, wie die Haupteinstellung eingerichtet ist, wird der Inhalt sofort freigegeben oder aber erst durch die Zustimmung des Admins.

Es können auch beidseitig im Voraus aufgezeichnete Videos hochgeladen werden, entweder direkt nativ oder über verschiedene Tools, wie beispielsweise Vimeo, Wiki, YouTube™ usw. Hier empfehle ich dir aber, und das gilt sowohl für LinkedIn™ als auch für Facebook™, deine Videos immer nativ hochzuladen. Das bedeutet, dass sie direkt im Feed abgespielt werden und nicht über einen quer verweisenden Link.

Bei LinkedIn™ kann es manchmal beim Hochladen der Inhalte zu Verzögerungen kommen. Das ist mir besonders beim Abhalten einer Challenge aufgefallen. LinkedIn™ ist etwas langsamer als Facebook™. Meistens erscheint ein Popup-Fenster, und du wirst darauf hingewiesen, dass es etwas länger dauern kann. Lass dich also nicht verwirren, wenn die Ladezeit für deinen Content zwei bis drei Minuten dauert.

In einer LinkedIn™-Gruppe ist es nicht möglich, einen Inhalt zu markieren oder zu pinnen, sodass er als Ankündigung immer ganz oben erscheint. Du solltest dir daher sehr genau und strategisch überlegen, welche Inhalte du wann veröffentlichst, damit das deine Zielgruppe auch sieht und deine Ankündigung im Feed nicht verschwindet.

Auf LinkedIn™ ist es so, dass die Posts immer weiter nach unten gereiht werden, sobald ein neuer erscheint. Da helfen auch Interaktionen von Personen nichts, der Post rutscht im Feed dennoch ab. Bei einer Facebook™-Gruppe verhält sich das anders. Dort erscheint nämlich ein uralter Post in der Gruppen-Timeline wieder ganz oben, sobald jemand darauf reagiert.

So, jetzt kennst du die wichtigsten Unterschiede beider Gruppen und kannst dir ein genaues Bild darüber machen.

Wie bereits gesagt, ich mag beide. Ein Hauptkriterium für dich wird es aber sein, dass du dir überlegst, auf welcher Plattform du deine Zielgruppe erreichst und wo du dich wohler fühlst.

Solltest du bereits mit Facebook™-Gruppen gearbeitet haben, ist es für dich sicher eine Umstellung, jetzt mit LinkedIn™-Gruppen zu arbeiten. Ich möchte dich aber ermutigen, beides auszuprobieren, um dir dann ein genaues Bild machen zu können. Dabei ist es vollkommen egal, mit welchen Formaten du arbeitest, direkt mit den Kunden, für eine Challenge oder für Workshops.

Nutze diese Gruppen-Angebote und du wirst die Magie dahinter spüren.

Allgemeine Tipps

Der Redaktionsplan

Viele hassen ihn, andere wiederum können kaum noch ohne ihn arbeiten: der Redaktionsplan.

Fakt ist: Wer auf verschiedenen Social-Media-Kanälen unterwegs ist, wird kaum ohne einen Redaktionsplan auskommen. Denn er ist im Content-Marketing ein zentrales Mittel zur Planung deiner Aktivitäten auf den verschiedenen Kanälen.

Wenn du dein Unternehmen im Internet präsentieren möchtest, stehen dir viele Möglichkeiten von Inhaltstypen und Kanälen zur Verfügung. Das können zum Beispiel deine Webseite, dein eigener Blog, dein Newsletter sowie dein Auftritt auf Social Media sein. Da kannst du dich sehr schnell verzetteln.

Deshalb solltest du dir die folgenden Tipps zu Herzen nehmen:

1. Recherche

Vielleicht fällt es dir schwer, geeignete Themen zu finden, über die du schreiben kannst.

Deshalb fang doch einfach mal bei dir selbst an:

- Was ist deine Motivation?
- Wieso bist du selbständig?
- Was treibt dich an?
- Was macht dir besonders viel Freude an deiner Arbeit?

Solltest du hier nicht weiterkommen, kannst du im Netz recherchieren, welche Themen mit deinem Unternehmen zu tun haben. Lese Fachblogs oder Fachzeitschriften. Gibt es eventuell Messen oder Events, die du besuchen könntest? Du hast zusätzlich die Möglichkeit, über besondere Tage zu schreiben, sofern es zu dir und deinem Unternehmen passt. Sammle immer wieder Ideen, wenn du unterwegs bist. Vielleicht legst du dir ein Ideenbuch an, oder du sammelst deine Ideen auf deinem Smartphone. So kannst du zwischendurch immer darauf zugreifen.

2. Zeitraum

Grosse Unternehmen planen ihre Themen oft sehr weit im Voraus. Das kann positiv sein, weil man nicht unvorbereitet ohne Content dasteht. Bei plötzlich auftretenden Ereignissen kann es sich jedoch als sehr unflexibel herausstellen. Beim Planen muss man unbedingt wissen, was wann gepostet wird.

Ein Redaktionsplan braucht im Vorfeld zwar etwas Vorbereitung, erspart einem hinterher aber sehr viel Zeit und Stress. Er sollte immer deiner eigenen Strategie folgen, damit du deine Ziele erreichst. Persönlich plane ich gerne die nächsten 90 Tage voraus. Da kann ich auch mal schnell etwas ändern, doch das Konzept steht, was wichtig ist.

3. Tools

Sehr viele mir bekannte Unternehmen erstellen ihren Redaktionsplan in Excel und sind damit immer gut gefahren. Natürlich kannst du für solche Projekte auch Tools wie Trello oder Asana benutzen. Welches Tool du verwendest, ist auch immer abhängig davon, wie viele Personen an diesem Redaktionsplan mitarbeiten.

Das Gute an Tools ist, dass du dich einfach mal ein paar Stunden hinsetzen und deinen ganzen Content eingeben kannst. Danach brauchst du dich eine Weile nicht mehr darum zu kümmern.

Weitere Tipps zum Redaktionsplan gibt es in der LinkedIn™ Turbochallenge: www.turbochallenge.ch

Fehlervermeidung

Die Grundlage für deinen Erfolg auf Social Media ist auf jeden Fall eine klare Strategie. Es bringt dir gar nichts, wenn du einfach mal drauflos postest. Solltest du in diesem Bereich noch unsicher sein, ist es sinnvoller, jemanden einzustellen, der den Social-Media-Bereich nicht nur hobbymässig betreut, sondern ein wirklich sehr gutes Know-how mitbringt. Wenn du aber noch niemanden damit beauftragen möchtest oder kannst, würde ich mich auf jeden Fall erst in das Thema einarbeiten lassen. Jede Plattform, auf der du dich bewegen möchtest, hat eigene Anforderungen, wie du mit deiner Zielgruppe kommunizierst.

Den nächsten grossen Fehler, den ich immer wieder sehe, ist der, dass viele Unternehmer auf allen Plattformen unterwegs sind, davon jedoch keine richtig beherrschen. Ausserdem stellt jeder, der sich mit Social Media beschäftigt, sehr schnell fest, wie hoch der damit verbundene Zeitaufwand ist.

Nach einiger Zeit bist du frustriert, weil die ganze Arbeit in Posts mit Texten/Bildern nicht zu deinem gewünschten Erfolg führt. Oft sieht man dann die letzte Lösung darin, seinen Content auf allen Plattformen zu teilen, ohne auf die Feinheiten und Charakteristika der einzelnen Plattformen zu achten. Das heisst, du postest ein und denselben Artikel auf Instagram™, Facebook™, LinkedIn™ usw. und erstellst womöglich noch einen Blogartikel zu diesem Thema.

Deine Follower nervt das, denn sie sehen immer wieder den gleichen Content. Aus welchem Grund sollten sie dir also auf verschiedenen Plattformen folgen?

Du solltest dir wirklich gut überlegen, welche Plattform für dich Sinn macht. Wo ist deine Zielgruppe und wo kommuniziert sie? Das sind wichtige Fragen, die du dir im Vorfeld stellen musst.

Deine Fans möchten dich auch ein wenig als Mensch kennenlernen. Das heisst, es geht nicht immer nur direkt ums Verkaufen. Auch du als Mensch stehst im Blickpunkt.

Wenn du zum Beispiel einmal auf meine Social-Media-Kanäle gehst, wirst du feststellen, dass ich zwar überall den gleichen Auftritt habe, immer meine Corporate Identity nutze, sich mein Content auf LinkedIn™ jedoch vom Content auf Instagram™ oder Facebook™ unterscheidet. Auf Instagram™ siehst du von mir mehr private Bilder, während ich mich auf LinkedIn™ hauptsächlich auf fachliche Themen beschränke.

Dein Content sollte auch nicht immer nur Ich-bezogen sein. In erster Linie geht es ja um deine Kunden. Das, was du postest, muss einen Mehrwert bieten, damit sie das Gefühl haben, dass du ihr Problem genau kennst und ihnen helfen kannst. Denn in Social Media ist alles offen dargelegt, und deine Follower haben sich im Vorfeld bereits über dich erkundigt. Im Normalfall kannst du davon ausgehen, dass ein Follower dich mindestens zwei bis drei Monate beobachtet, bevor er Kontakt mit dir aufnimmt.

Ausserdem musst du dich von der Masse abheben, denn es gibt noch viele andere, die genau dasselbe anbieten wie du. Hier musst du für Mehrwert sorgen, damit sich deine Follower nicht für jemand anderen entscheiden.

Wichtig ist auch, dass du deine Kunden einmal hinter die Kulissen blicken lässt. Gib ihnen einen Einblick darin, wie und mit wem du arbeitest. Auch deine Werte und Kultur spielen hierbei eine grosse Rolle. Der Kunde möchte dich als Mensch wahrnehmen. Identifiziert er sich mit dir und deinem Unternehmen?

Wie interagierst du mit deinen Followern?

Das Community-Management spielt hierbei eine entscheidende Rolle. Wenn dein Follower deine Beiträge liked oder kommentiert, solltest du immer darauf eingehen. Erst dann hat dein Follower das Gefühl, von dir wahrgenommen zu werden. Hier baut sich bereits eine erste Bindung auf.

Konzentriere dich auf deine eigenen Beiträge. Diese müssen professionell sein, mit entsprechend gutem Content sowie hochwertigen Bildern oder Grafiken. Denke immer daran: Der erste Eindruck ist meist entscheidend. Sind deine Posts voller Rechtschreibfehler, bekommt man schnell den Eindruck, dass einfach irgendetwas gepostet wird. Das wäre sehr schade. Dein Content muss qualitativ hochwertig sein!

Ein weiterer wichtiger Punkt ist, dass du weisst, wer deine Zielgruppe ist und wann sie wo unterwegs ist. Du solltest deine Daten entsprechend überprüfen und bei der Erstellung deines Contents berücksichtigen. Du musst wissen, welchen Hashtags deine Follower folgen und was sie interessiert. Ohne die Auswertung deiner Daten kannst du viel Geld zum Fenster rausschmeissen. Doch mit dem richtigen Hintergrundwissen erreichst du organisch eine Menge Interessenten, die wiederum, wenn du es geschickt anstellst, zu deinen Kunden werden können.

Gibst du einen Mehrwert?

Ein besonders wichtiger Punkt, den ich schon mehrmals erwähnt habe: Bietest du deinen Followern wirklich guten Mehrwert? Was haben sie davon, wenn sie dir folgen, ein Webinar von dir schauen oder deine Beiträge lesen? Ohne einen guten Mehrwert, der sich von der Masse abhebt, werden all deine Bemühungen langfristig nicht fruchten.

Vermeide diese fünf häufigsten Fehler

Auf Social Media fallen mir immer die gleichen Fehler auf. Dabei ist es so einfach, diese Dinge umzusetzen, und der Unterschied ist sofort bemerkbar.

Fehler Nummer 1: Nur reiner Text ohne Bild

Hast du dich auch schon gefragt, warum du eine Zeitschrift einer gewöhnlichen Zeitung vorziehst? Genau, der Hauptgrund ist es wohl, dass dich das Titelbild und die reisserische Headline angesprochen und richtig in den Bann gezogen haben. Genau das Gleiche zählt auf Social Media. Die Beiträge werden nur gesehen, wenn du ein passendes Bild zu deinem Text nutzt. Ohne fesselndes Bild geht dein Post in der Masse unter.

Fehler Nummer 2: Immer das gleiche Format nutzen

Du hast auf Social Media ein riesengrosses Buffet an Möglichkeiten zur Verfügung. Du kannst Bilder posten oder Beiträge teilen, Videos hochladen, Umfragen erstellen, live gehen und, und, und. Es gibt so viele Formate – nutze sie alle und sei abwechslungsreich. Dadurch generierst du mehr Reichweite und die Aufmerksamkeit deiner Follower. Das gilt für alle Social-Media-Kanäle.

Fehler Nummer 3: Nicht live gehen

Live zu gehen ist der Social-Media-Trend schlechthin und generiert nachweislich die grösste Reichweite. Wenn du also selber noch nicht live gehst, fange unbedingt damit an. Es gibt mittlerweile nicht nur auf Instagram™ und Facebook™ die Live-Funktion, sondern auch auf LinkedIn™. Sie mussten schlicht mitziehen, da es ist, was die Community will: den Jetzt-Moment.

Es wird dir vielleicht am Anfang etwas schwer fallen, aber Übung macht bekanntlich den Meister. Zu Beginn hatte ich auch meine Schwierigkeiten, doch mittlerweile geht alles wie von selbst. Selbst die Nervosität wird sich legen, versprochen. Hol dir diesen einzigartigen Wettbewerbsvorteil und sei vorne mit dabei, indem du jetzt anfängst, live zu gehen. Trau dich! Es gibt so viele Themen, über die du sprechen kannst.

Fehler Nummer 4: #Hashtags nicht richtig nutzen

Für jeden Social-Media-Kanal gilt es, andere Hashtag-Regeln zu beachten. Auf LinkedIn™ sollten nicht mehr als fünf Hashtags gesetzt werden, und es gilt die Regel: Weniger ist mehr. Überlege dir daher die Themen genau und setze die Hashtags sehr bewusst. Wichtig ist, dass du nicht zu „grosse" oder „kleine" Hashtags verwendest, um nicht unterzugehen. Ich empfehle dir, dass du für dein Thema eine Hashtag-Strategie ausarbeitest.

Fehler Nummer 5: Immer nur von dir reden

Es heisst nicht umsonst SOCIAL Media. Sei also sozial und achte darauf, dass es nicht immer nur um dich geht. Frage deine Community, was sie braucht, was sie interessiert. Hör ihr zu und gehe auf sie ein. Wie kannst du deinen Fans und Followern helfen? Was brauchen sie von dir?

Abschliessend möchte ich dich an drei sehr wichtige Fragen erinnern, auf die du unbedingt eine klare und eindeutige Antwort bereit haben solltest.

1. Wer ist deine Zielgruppe?
2. Wo hält sie sich auf?
3. Was ist dein Mehrwert?

Folgende **Checkliste** soll dir zeigen, wo du stehst:

- Was ist der Grund bzw. dein Ziel, dass du auf Social Media bist?

- Welchen Mehrwert generierst du für deine Followers?

- Warum sollen die Kunden bei dir einkaufen und nicht bei deinen Mitbewerbern?

- Was ist dein Alleinstellungsmerkmal (USP), weshalb man bei dir einkauft und nicht bei deinen Mitbewerbern?

Und zu guter Letzt:

- Wie wertest du deine Daten aus? Hast du ein Tool, welches dir dabei hilft?

Diese Fragen sind existenziell für dich.

Wenn du sie nicht beantworten kannst, dann solltest du dir in jedem Fall die Zeit nehmen und diese Punkte genau für dich abklären.

Gratulation! Dein Profil und deine Strategie stehen nun und du bist ready für die Umsetzung. Vor den letzten Zeilen erinnere ich dich nochmals kurz an die Unterstützung des Social Selling Aktionsplans und der Profil-Checkliste, die du hier findest:

https://dieleadrevolution.com/freebie/

Was ist der LinkedIn™-Algorithmus?

Wie es bei Facebook™ und Co. der Fall ist, zeigt LinkedIn™ ebenfalls seinen Nutzern einen Feed an. In diesem wird der Content aufgelistet, der von deinen Kontakten oder gefolgten Seiten produziert wird. Doch nicht alles landet im Feed, da ein mehrstufiger LinkedIn™-Algorithmus bestimmt, was die User zu sehen bekommen. Doch wie funktioniert er und wofür ist der LinkedIn™-Algorithmus gut?

Der LinkedIn™-Algorithmus ist hauptsächlich dazu da, Spam zu vermeiden und den Feed der Nutzer qualitativ zu füllen. Man kann den Feed zwar nach Relevanz oder Aktualität sortieren, die meisten User nutzen jedoch die Voreinstellung. LinkedIn™ verwertet für den Algorithmus die Signale der Nutzer und untersucht dazu vor allem ihre Identität, ihr Netzwerk, das Interaktionsverhalten und den betrachteten Content.

Was passiert in den verschiedenen Stufen des LinkedIn™-Algorithmus?

1. Die erste Stufe ist der automatische Filter, der direkt beim Erstellen des Contents angewendet wird. Er bewertet den Inhalt und legt ihn in eine von drei Kategorien ab: Spam, geringe Qualität und freigegebener Inhalt.

2. Die nächste Stufe ist das User Flagging. Hier werden alle Reaktionen der Nutzer auf den Content gezählt und bewertet. Als positiv gelten Interaktionen wie Likes, Shares und vor allem Kommentare. Negativ fällt eine Markierung als Spam, fehlende Interaktion oder die Verbergung des Posts auf.

3. Die dritte Stufe ist das Universal Content Filtering. Hierbei geht es darum, hinter den Post auf den Nutzer zu blicken und dessen Reputation zu bewerten. Kamen in der Vergangenheit von diesem Nutzer vermehrt Spam-Bei-

träge? Wie ist die Qualität des Netzwerks? Ist der Content relevant für das Netzwerk?

4. In der letzten Stufe nutzt LinkedIn™ für den Algorithmus keine Automation, sondern einen menschlichen Filter. LinkedIn™-Mitarbeiter prüfen den Content manuell und sammeln Informationen darüber, warum das Posting relevant ist. Dadurch kann es vorkommen, dass alte Beiträge wieder im Feed hochrutschen.

Die Stufen des LinkedIn™-Algorithmus sind an keine feste Reihenfolge geknüpft, sondern können durch vermehrte Interaktion immer wieder neu bewertet werden.

Wie kannst du den LinkedIn™-Algorithmus für deine Firma nutzen?

Qualitativ hochwertiger Content ist der wichtigste Faktor für eine positive Beeinflussung des Algorithmus. Liefere deinem Netzwerk relevante Inhalte mit Tipps oder Problemlösungsvorschlägen. Der Algorithmus liebt es, wenn man gute Inhalte verbreitet, welche die Community zur Interaktion anregt. Es gibt natürlich auch Wörter, die du auf keinen Fall verwenden solltest. Damit du in deiner Kommunikation nicht über diese Wörter stolperst, gibt es beim Kauf der LinkedIn™ Turbochallenge eine Übersichtsliste obendrauf.

https://turbochallenge.ch/

Achte darauf, dass dein Content fürs Auge ansehnlich ist. Arbeite dafür mit Absätzen, Bullet Points und Infokästchen, um den Text gut lesbar zu machen. Benutze Storytelling und sprich die Emotionen deiner Zielgruppe an. Mit Bildern und Videos kannst du die Beiträge etwas auflockern, und du ziehst die Aufmerksamkeit auf dich.

Interagiere mit deinem Netzwerk und tritt in direkten Dialog. Stelle Fragen und antworte auf Kommentare. Zudem ist es wichtig, dass du regelmässig Beiträge mit deinem Netzwerk teilst. Sei aktiv und nutze die Plattform.

Nutze deine Zeit auf Social Media effizient

Wie kann ich meine Zeit auf Social Media effizient und ressourcenschonend nutzen? Diese Frage wird mir von meinen Kunden fast täglich gestellt.

Auch dafür habe ich einige Tipps für dich parat, die ich dir gerne an die Hand geben möchte.

Diese Tipps werden dafür sorgen, dass du das Maximale aus deiner Zeit herausholen kannst.

1. Plane deine Social-Media-Zeiten wirklich gezielt ein.

Mir ist bewusst, dass sich das total banal anhört, aber glaube mir, das wird alles verändern. Natürlich reicht es nicht aus, einfach nur zu planen und alles niederzuschreiben, nein, du musst es auch umsetzen. Versuche wirklich, in deiner Tagesstruktur konkrete Social-Media-Zeiten festzulegen und die Dauer genau zu bestimmen. Mit meinen Kunden erarbeite ich stets ein System, das langfristig mit maximal 30 Minuten Zeitaufwand pro Kanal auskommt. Am Anfang ist das sicher eine Umstellung für dich, und du darfst dich gut organisieren. Aber es wird schnell zur Routine und dir den Druck, noch etwas posten zu müssen, nehmen. Markiere die Zeit und die Dauer exakt in deinem Kalender und halte dich unbedingt daran; sonst bringt es nämlich nichts.

2. Beachte die Zeiten, an denen deine Fans online sind.

Finde heraus, wann deine Community und Fans am häufigsten online sind und berücksichtige dies bei der Planung. Um das genau zu analysieren, hast du verschiedene Möglichkeiten. Damit du weisst, wann deine Posts und deine Artikel veröffentlicht werden sollen oder zu welcher Zeit du ein Live planen sollst, ist dieses Wissen wichtig.

3. Arbeiten mit Planungs-Tools

Das Arbeiten mit diversen Planungs-Tools erleichtert deine Arbeit enorm. Du solltest jedoch wissen, dass das Nutzen von externen Tools dazu führt, dass deine organische Reichweite eingeschränkt wird; diese sind also mit Vorsicht zu geniessen. Solltest du dich dennoch dafür entscheiden, empfehle ich dir, trotzdem die Zeiten im Auge zu behalten, an denen deine geplanten Postings online gehen. Setze dir hier eine Erinnerung in deinen Kalender, damit du die Interaktionen, Likes und Kommentare im Blick hast und dementsprechend schnell darauf reagieren kannst. Je schneller du mit deiner Community interagierst, desto grösser wird deine Sichtbarkeit und umso besser ist es für den Algorithmus. Der liebt nämlich schnelle und zahlreiche Interaktionen. Doch das Wichtigste daran ist sicher, dass deine Community dein Interesse an ihr spürt und sich durch dein schnelles Feedback wertgeschätzt und gehört fühlt. Dadurch können wundervolle Dialoge entstehen.

Wichtige Tipps, wie du Digital Detox in deinen Alltag einbauen kannst

Sei mal ehrlich, wann warst du das letzte Mal über 24 Stunden offline?

Wie wäre es, wenn du zur Abwechslung mal *deinen* Akku aufladen würdest und nicht den deines Handys oder Laptops?

88x greifen wir täglich zum Smartphone

53x entsperren wir es, checken Mails und News

Krass, nicht wahr?!

Immer und überall erreichbar sein zu müssen, ist längst nicht mehr das Höchste der Gefühle. Denn für Körper und Geist ist es so wichtig, nicht ständig online zu sein; nicht umsonst wurde der Begriff ***Digital Detox*** bereits 2013 in das *Oxford Dictionary of English* aufgenommen.

Noch gibt es keine Langzeitstudien über Digital Detox, aber ich weiss, dass

- du zwei bis drei Stunden vor dem Einschlafen keinen Bildschirmkontakt mehr haben solltest,
- du nicht erholsam und tief schläfst oder sogar von Alpträumen geplagt wirst
- ständiger Druck auslaugt und krank macht,
- sich die Regenerationszeit bei Dauer-Onlinern massiv verlängert,
- ich nach einem ganzen Offline-Tag am nächsten Morgen hellwach und klar bin.

Dich stresst das Dauer-Online-Sein auch, und dein Smartphone bestimmt deinen Alltag, ja sogar dein Leben?

Sehnst du dich nach einer einsamen Insel der Ruhe und Unerreichbarkeit?

Dann habe ich hier genau die passenden sieben Tipps für dich:

Baue diese Inseln so gut es geht in deinen Alltag ein, entgifte dich und deinen Körper hin und wieder ganz bewusst. Er wird es dir danken.

Natürlich kannst du dich, ausser in den Ferien, nicht tagelang von allem abschotten, schliesslich hast du einen Beruf. Aber du wirst dich erholter, freier und unabhängiger fühlen.

1. Handyfreies Schlafzimmer

Suche den alten Wecker hervor, der klingelt genauso zuverlässig am Morgen.

2. Etabliere ein Offline-Morgenritual.

Trinke in Ruhe einen Tee oder Smoothie, lies die Zeitung (nana … die Papierversion) oder mach Yoga.

3. One thing at the time

Sei mutig und mach alle Handy-Benachrichtigungen aus.

4. Zeitmanagement

Leg für dich fest, wann und wie oft pro Tag du zum Beispiel deine E-Mails checkst.

5. Geniesse bewusst

Spiel beim Essen nicht mit dem Smartphone herum, während du Gabel für Gabel achtlos in dich hineinschaufelst.

6. Entspanne dich anders

Schau wie bereits erwähnt zwei bis drei Stunden vor dem Schlafengehen nicht mehr auf Bildschirme, lies ein Buch, rede, spiele, meditiere, höre Musik.

7. Bleib weg vom Netz

Verbringe, wann immer es dir möglich ist, Zeit offline.

Wenn du nur einige meiner Tipps befolgst, werden es dir Körper und Geist danken. In der Stille und Ruhe werden sich deine Gedanken ordnen und neue Impulse entstehen. Probiere es einfach einmal aus, und du wirst den Unterschied sofort bemerken.

Glück verdoppelt sich beim Teilen

Wir haben das Privileg, in einem wirtschaftlich stabilen Land zu leben. Das ist aber leider nicht überall so.

So habe ich beschlossen, für jedes verkaufte Buch 1,00 EUR an Kiva.org zu spenden.[22]

Bei Kiva handelt es sich um eine Wohltätigkeitsorganisation, die es sich zur Aufgabe gemacht hat, Mikrokredite an Menschen zu vermitteln, die nicht in einem Wohlstandsland leben.

Durch Kiva.org kann jeder Mensch auf der ganzen Welt schon ab 25 US-$ über das Internet einen Mikrokredit an ein Kleinunternehmen in einem Entwicklungsland zur Verfügung stellen.

So haben Menschen, die in absoluter Armut leben, die reale Chance, eine Existenzgrundlage aufzubauen und dadurch eine wirtschaftliche, aber auch sozial, Besserstellung zu erreichen.

Wenn jemand durch einen Kiva-Kredit die Möglichkeit hat, sich ein Geschäft aufzubauen, schafft er automatisch die Chance für andere, einer regelmässigen Arbeit nachgehen zu können und damit die Grundversorgung ihrer Familie zu sichern.

Ob es sich dabei um Mikrofinanzierungen handelt, durch das Darlehen Gemeinschaftsprojekte unterstützt oder Kosten für Kreditnehmer gesenkt werden, diese Organisation ist stets bemüht, die Zukunft einer Familie oder einer ganzen Gemeinschaft zu verbessern.

Die Philosophie hinter dieser Organisation: Bei Kiva-Krediten handelt es sich nicht nur um Geld, sondern es geht vielmehr darum, Partnerschaften von gegenseitiger Würde zu schaffen und den Menschen die Chance für ein besseres und freieres Leben zu ermöglichen.[22] Dies ist nachzulesen auf der Homepage www.kiva.org/.

Ebenfalls gibt es eine Plattform Kiva Deutschland (www.kiva-germany.de/), auf der du dich gerne noch weiter über diese Wohltätigkeitsorganisation erkundigen kannst.

Oder komm ins **eswirdriesig-Team bei Kiva.org** und unterstütze gemeinsam mit mir notleidende Menschen dabei, sich nachhaltig eine Existenzgrundlage aufzubauen (www.kiva.org/team/eswirdriesig/).

DAS WAHRE GLÜCK IST, GUTES ZU TUN. (Sokrates)

Haftungsausschluss

Die Autorin übernimmt keinerlei Gewähr für die Aktualität, Korrektheit, Vollständigkeit oder Qualität der bereitgestellten Informationen. Alle Inhalte dieses Buches wurden sorgfältig recherchiert und zusammengetragen. Die in dem Buch gezeigten Strategien sind zum Zeitpunkt der Veröffentlichung praxiserprobt und spiegeln die persönliche Erfahrung der Autorin wider.

Da sämtliche Plattformen ihre Inhalte, Möglichkeiten, Oberflächen und Algorithmen ständig ändern, kann es durchaus vorkommen, dass gewisse Funktionalitäten vonseiten der Plattform nicht mehr zur Verfügung stehen.

Die Autorin übernimmt daher keine juristische Verantwortung oder Haftung für Schäden, die durch eventuelle Fehler oder fehlerhafte Anwendung entstehen, und erhebt keinen Anspruch auf juristische Korrektheit sowie inhaltliche Vollständigkeit. Die Umsetzung erfolgt ausdrücklich auf eigenes Risiko. Es besteht keine Garantie dafür, dass alles bei jedem Leser zu den gleichen Ergebnissen führen wird.

Die Wiedergabe von Gebrauchsnamen, Handelsnamen, Warenbezeichnungen usw. in diesem Werk berechtigt auch ohne besondere Kennzeichnung nicht zu der Annahme, dass

Weitere Bücher von Janaina von Moos

**Lieber Deutschlehrer
Ein Mutmacherbuch für's
Leben!**

Was wäre, wenn du deine Ziele erreichen kannst?

Was wäre, wenn deine Träume wahr werden?

Was wäre, wenn jede Person, die je an dir gezweifelt hat, Unrecht hatte?

Was wäre, wenn all das möglich ist?

Wenn du wissen willst, wie das möglich ist, dann ist dieses Buch genau das Richtige für dich! Es gibt dir keine Anleitung und auch keinen Fahrplan, sondern 25 fesselnde Berichte von Menschen, die genau das erreicht haben.

Dieses Buch kann dir nicht den ersten Schritt abnehmen, und doch wird es dich inspirieren und dir zeigen, dass auch du von jedem Punkt aus starten kannst, um für dich einzustehen und Gestalterin oder Gestalter deines Lebens zu sein.

https://lieberdeutschlehrer.com/

Schluss mit 9 to 5
Starte durch im Home Office

Stell´ dir vor, du bestimmst selbst, wie erfolgreich du bist!

Dieses Buch ist Wegweiser & Impulsgeber, wenn du

- selbst entscheiden willst, wann, wo und wieviel du arbeiten willst
- deine Fähigkeiten und Talente zur Geltung bringen willst
- auf Augenhöhe mit deinem Arbeitgeber wirken willst
- Familie und Beruf unter einen Hut bringen willst

Du erfährst, wie

- du dich aus dem langweiligen Büroalltag lösen kannst
- du in weniger als 6 Monaten komplett selbständig und unabhängig auf eigenen Füssen stehst und welche Möglichkeiten es gibt sofort durchzustarten
- deine Einzigartigkeit deinen Erfolg sichert

In diesem Buch zeigen dir 15 Frauen, wie sie sich - trotz Lockdown - mutig vom Hamsterrad der Anstellung verabschiedet haben und heute ihren Traum vom ortsunabhängigen Online-Business leben. Sie haben erkannt, dass das klassische Berufsbild der Anstellung der Vergangenheit angehört und das neue digitale Zeitalter des Online Business angebrochen ist.

Bist du auch bereit für echte Selbstbestimmtheit und finanzielle Freiheit?

https://schlussmit9to5.com/

Die Büro(R)evolution: Dein perfekter Start ins Online Business

In diesem Buch zeigt dir Janaina von Moos, wie du den langweiligen Büroalltag hinter dir lässt und den Wechsel ins ortsunabhängige Online-Business schaffst:

Mit einfachen Mitteln. den Tools der Neuzeit und innert weniger Monate!

Janaina legt dar, welche Schritte es im Jahr 2021 sind, um das Büro und den frustrierenden Job hinter sich zu lassen. Sie verrät dir, wie auch du es schaffst, in weniger als sechs Monaten komplett selbständig und unabhängig auf eigenen Füssen zu stehen. So kannst du sofort online durchstarten!

Eines ist klar, das klassische Berufsbild im Büro gehört der Vergangenheit an, das neue digitale Zeitalter des Online Business ist angebrochen. Das ist die Zukunft!

https://buerorevolution.com/

Quellenangaben und externe Links

[1] Globaler Digitaler Wachstum: https://datareportal.com/reports/digital-2021-global-overview-report

[2] Digitales in der ganze Welt: https://datareportal.com/reports/digital-2021-global-overview-report

[3] Digitales Wachstum: https://wearesocial.com/uk/blog/2022/01/digital-2022-another-year-of-bumper-growth-2/

[4] Internetbenutzer über die Zeit: https://wearesocial.com/uk/blog/2022/01/digital-2022-another-year-of-bumper-growth-2/

[5] Effektiv im Internet verbrachte Zeit: https://wearesocial.com/uk/blog/2022/01/digital-2022-another-year-of-bumper-growth-2/

[6] Tägliche Zeit auf Social Media: https://wearesocial.com/uk/blog/2022/01/digital-2022-another-year-of-bumper-growth-2/

[7] Meistgenutzte Social Media Plattformen weltweit: https://wearesocial.com/uk/blog/2022/01/digital-2022-another-year-of-bumper-growth-2

[8] LinkedIn™ Demografie: https://wearesocial.com/uk/blog/2022/01/digital-2022-another-year-of-bumper-growth-2/

[9] LinkedIn™ Werbe-Zielgruppenprofile: https://www.slideshare.net/DataReportal/digital-2022-essential-linkedin-stats-for-q2-2022-v01

[10] LinkedIn™ Marketingzahlen Europa: https://www.slideshare.net/DataReportal/digital-2022-essential-linkedin-stats-for-q2-2022-v01

[11] Fachkräftemangel Schweiz:
https://www.swissinfo.ch/ger/welche-arbeitskraefte-braucht-die-schweiz-/47725468

[12] Definition von Employer Branding:
Wikipedia: https://de.wikipedia.org/wiki/Employer_Branding, Zugriff vom 31.07.2022

[13] Verkaufsfördernde Faktoren auf LinkedIn™: https://business.linkedin.com/de-de/sales-solutions/b2b-sales-strategy-guides/the-state-of-sales-2022-de-edition

[14] XING-Mitgliederzahlen DACH-Raum:
https://de.statista.com/statistik/daten/studie/481399/umfrage/anzahl-der-xing-nutzer-in-der-dach-region/)

[15] LinkedIn™-Mitgliederzahlen DACH-Raum: https://www.futurebiz.de/artikel/linkedin-statistiken/

[16] Kaufangebot LinkedIn™ durch Microsoft:
Quelle Wikipedia: https://de.wikipedia.org/wiki/LinkedIn, Zugriff am 05.08.2022

[17] Anpassungen XING: https://www.basicthinking.de/blog/2022/08/12/xing-schaltet-gruppen-ab/

[18] Definition Personal Branding:
Wikipedia: https://de.wikipedia.org/wiki/Personal_Branding#:~:text=Der%20Begriff%20Personal%20Branding%20-kommt,der%20Ausdruck%20Markenbildung%20-beim%20Menschen, Zugriff am 31.07.2022

[19] Beantragung Live-Videos auf Linkedin™:
https://www.linkedin.com/help/linkedin/ask/lv-app

[20] Drittanbieter Streamingtools:
www.business.linkedin.com

https://business.linkedin.com/content/dam/me/business/en-us/amp/marketing-solutions/images/lms-linkedin-live/getting-started/pdf/linkedin_live_choosing_your_broadcast_tool.pdf

[21] LinkedIn™ Live Video Übertragung: https://www.linkedin.com/help/linkedin/answer/a554240/live-video-ubertragung-beantragen?lang=de#:~:text=Einen%20Antrag%20einreichen:%20F%C3%BCllen%20Sie,eine%20dieser%20Benachrichtigungen%20erhalten%20haben, Stand der Recherche Juni 2022, Änderungen seitens LinkedIn™ vorbehalten

[22] Mit Buchkauf unterstützte Wohltätigkeitsorganisation KIVA:
www.kiva.org/
#eswirdriesig-Team KIVA:
www.kiva.org/team/eswirdriesig
Plattform Kiva Deutschland:
www.kiva-germany.de

Printed in Poland
by Amazon Fulfillment
Poland Sp. z o.o., Wrocław

23180713R00113